長《なが》襦《じゅ》袢《ばん》の魅力

着物の下の遊び心、女心

岩田ちえ子＋中村圭子＋中川春香 編著

河出書房新社

目次

第3章 長襦袢が見える仕草

第4章 長襦袢を描く画家

第5章 長襦袢と文学

第6章 アンティーク長襦袢を活かそう

［大扉］**『金色夜叉』口絵**
武内桂舟／画　尾崎紅葉／作
1898年（明治31）春陽堂

はじめに――着物の下の遊び心、女心

近年、日本人の着物姿より、観光目的に来日している外国人の着物体験姿のほうをよく見かけます。

着物離れをして久しい日本人ではありますが、実際のところは、潜在的な着用希望者は大変多いといいます。

着物には懐古《かいこ》的《てき》な情を抜きにしても、現代人がリスペクトしたくなる斬新《ざんしん》さと、美の発見がまだまだあります。なかでも「着物美」には本来欠かすことができないはずの長襦袢《ながじゅばん》が、いつのまにか下着扱いになり、色を失い、長いあいだみすごされてきたように思われます。

平安時代の貴族の下着が小袖《こそで》へ、江戸時代には半襦袢から長襦袢へ、そして明治、大正、昭和と花開き、現代に再び下着へ戻る流れには興味深いものがあります。

本書では、大正から昭和初期に過渡期《かとき》を迎えた、大胆で、かつ自由な遊び心あふれる、美しいアンティーク長襦袢を紹介します。また、抒情画《じょじょうが》、文学等を通して、上に着る着物にはない長襦袢の魅力をご覧いただきます。

第1章

秘密の花園・長襦袢

「かがみ」
森田久／画
『婦女界』
1920年（大正9）3月号

森田ひさし もりた・ひさし
生没年、出身地不明。大正から昭和にかけて『少女世界』などの雑誌挿絵、表紙、口絵などを多く手がけた。

長襦袢は、その着方によって着物姿やシルエットが決まるといわれ、現代では手軽な二部式もあり、下には補正用品、上からはゴムベルト等を駆使《くし》して、基礎工事よろしくきっちりと着るのがよしとされています。

色柄も現代人の着物の好みに合わせた薄い色の長襦袢や白襟が主流となり、華やかな長襦袢はしだいに影を潜《ひそ》めています。ゆえに小さな面積ながらも、動くたびに着物の開口部（振《ふ》り、袖口、裾等）から見え隠れする美しい色柄の調和を楽しむ機会が減ってしまったようです。

古くは、己の心情を「襲《かさ》ね」に託す平安時代の伝統のなごりのような、奥ゆかしい長襦袢の色と柄の重なりは、つい大正から昭和まで、着物姿の大事な装いの要として残っていました。

長襦袢が「下着」という位置づけで認識されるかぎり、日本女性の複雑な色や柄を自在に操り、楽しむ能力は、発揮する場をまたひとつ失ってしまうようで、実に惜しいことなのです。

「長襦袢」とは何か？

長襦袢とは着物の下に着る、ほぼ着物と同じ形の衣類である。

多くは、対丈《ついたけ》（自分の身長にあわせて、着物の裾から出ないようにした丈）であるが、着物のようにはしょって着る、または、縫って腰揚《こしあ》げして着る、丈の長い襦袢もある。これは、子どもの成長にあわせる、傷《いた》んだ裾を切ってまた着用可能にする、という知恵でもあろう。

長襦袢には襟元がふっくらする関西仕立ての広襟・衽付《おくみつき》と、襟元キリッと足さばきの良い関東仕立ての細襟・衽《おくみ》なしがあり、体型や好みで選べる。

着る目的は一般的に着物の汚れ除けと、すべりをよくするためと、防寒となっている。

一般的な着付けの順番を簡単にいうと、肌襦袢《はだじゅばん》と裾除《すそよ》けをつけ、長襦袢を着て、着物を着て、帯を締め完了である。肌襦袢と裾除けがブラジャー＆ショーツ的下着であるならば、長襦袢とはさて何だろう？　スリップやシュミーズのような服の裏地を兼ねたランジェリーの一種なのだろうか。

だが下着にしては大事なお洒落《しゃれ》ポイントである半襟が見え、動けば袖と振りからチラリ、裾からチラリとこぼれ、意外に目立つのである。結果、現代の洋服のアイテムの名称には収まりきれない、最初から見せることを前提にした、日本だけに見られる独特な衣類であろう。

＊「間着（あいぎ）」「合着」という裾引きの着物下に着られたものも、寒さ厳しい季節に、衣と衣のあいだに重ね着したものも、本書では長襦袢のカテゴリーとした。また「間着」には別の意味として夏と冬のあいだ、春秋に着る着物という意味もある。

関西仕立て

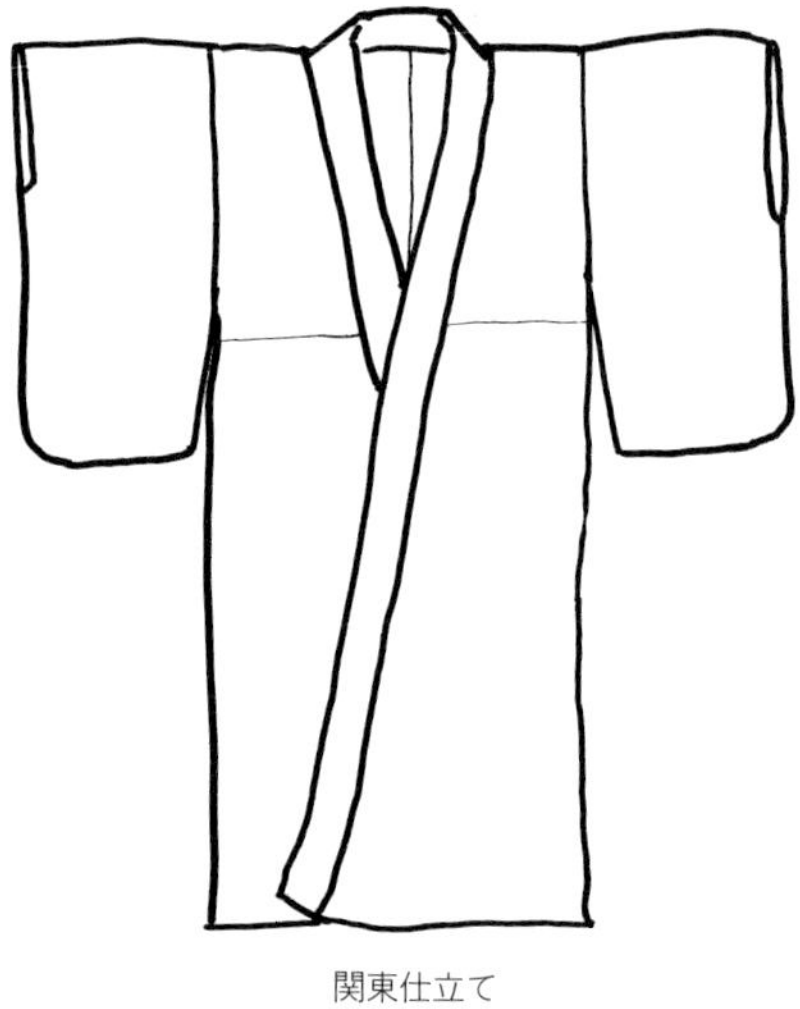

関東仕立て

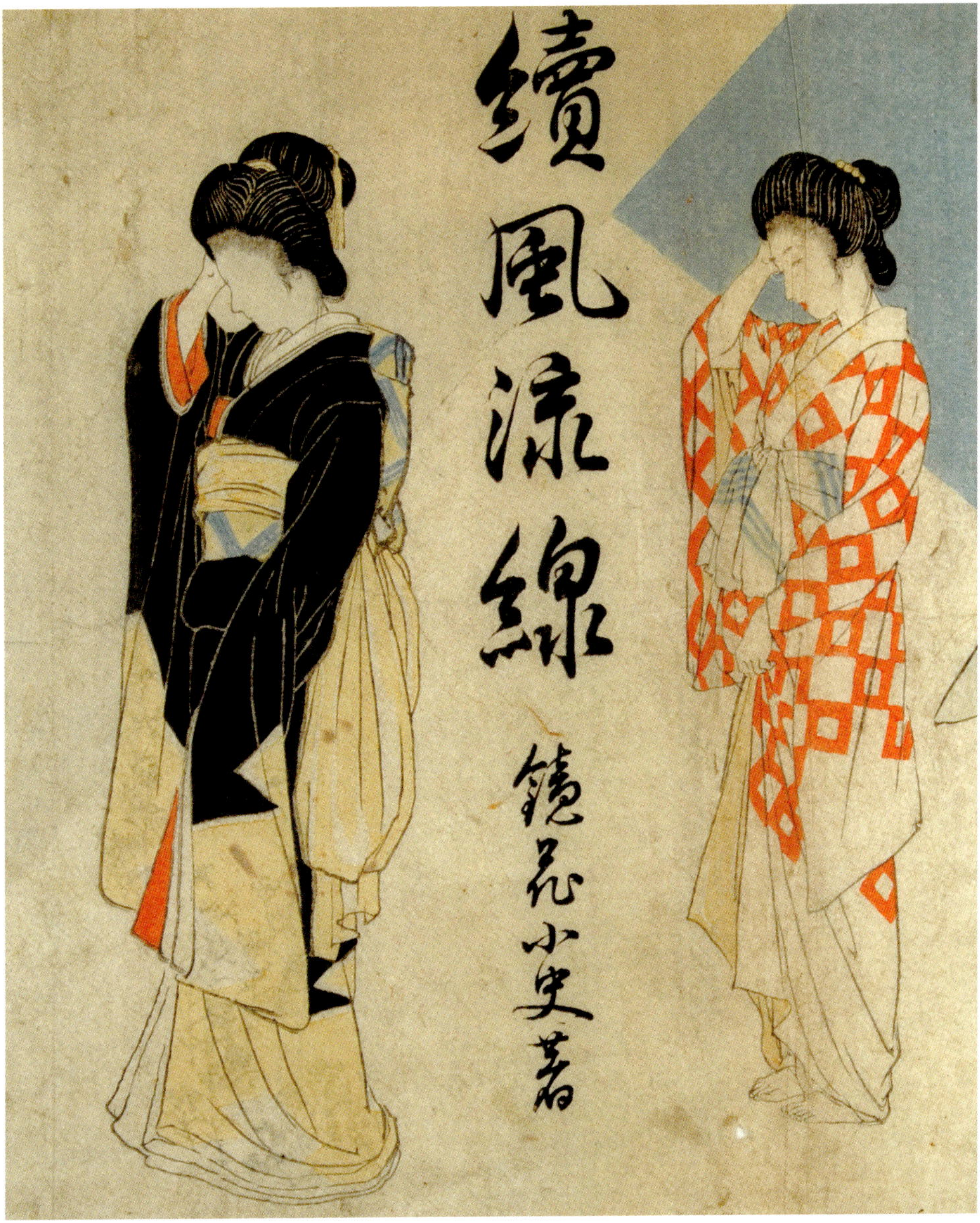

『続風流線』袋（部分）

鰭崎英朋／画　泉鏡花／作
1905年（明治38）　春陽堂

◆ 髪に手を添えている同じポーズの襦袢姿と着物姿の図である。
右の女性は鮮やかな菱文様の長襦袢で、くつろいでいるように見えるのは、軟らかいしごきを軽く締めているからか。これは裾引きの下に着た間着かもしれない。左の女性は黒い地味な着物であるが、上げた腕の袖口と振りから、赤い襦袢がこぼれるさまに色香を感じる。

鰭崎英朋《ひれざき・えいほう》

本名・鰭崎太郎。別号・絢堂、晋司。1880～1968年（明治13～昭和43）、東京生まれ。右田年英に入門し、新進の日本画家として活動。烏合会に出品した「梅ごよみ」が文壇の大御所・尾崎紅葉に認められ、春陽堂に推薦されて入社。以後、あらゆる新聞小説・雑誌の挿絵・装幀本を手がけた。妖艶な美人画で人気を博す一方、相撲取組挿絵や国定教科書の挿絵も長年描いた。

大正時代の芸者絵葉書。現代人には着物を２枚着付けるような手間を感じるが、１枚、また１枚と纏（まと）いながら、美しく装う気持ちを高めていくのであろう。

「お花見」
尾竹竹坡／画　『文芸倶楽部』
1910 年（明治 43）4 月増刊号
◆ 当時の女性たちは、自分だけの色柄の重なりを、襟、振り、袖口、裾から見せることで、センスを競い、磨きをかけたにちがいない。

尾竹竹坡《おたけ・ちくは》

本名・染吉。1878～1936 年（明治 11～昭和 11）、新潟県生まれ。日本画家尾竹越堂の弟、尾竹国観の兄。4 歳で南宋派の笹田雲石に学び竹坡の雅号を受け、10 歳の頃から絵による収入で家計を助け、神童と言われた。1896 年（明治 29）に上京すると川端玉章に入門、人気を高めた。また、小堀鞆音、梶田半古に師事し、大和絵を学んだ。

振りから見える襦袢

「**紅梅白梅**」
高畠華宵／画
大正〜昭和初期の雑誌口絵

高畠華宵 たかばたけ・かしょう

本名・高畠幸吉。1888〜1966年（明治21〜昭和41）、愛媛県生まれ。平井直水に日本画を学んだ後、京都市立美術工芸学校（現・京都市立芸術大学）、関西美術院に入学。23歳のときに描いた「中将湯」の広告絵を契機に、画才を認められ、講談社の各雑誌、東京社『少女画報』、実業之日本社『少女の友』『日本少年』等の口絵、挿絵を描く。

着物の袖丈と襦袢の袖丈の違いからくる曲線が、画にリズムをもたらしている。柄と柄の組み合わせも絶妙である。少しの丈の違いなどは些細なことであるのがわかる。

幸田文の「こぼれる」のなかには、「髪の形とうしろ姿がいいので評判の人がいましたが、（中略）工夫のしどころは帯ではない、袖の振八つしかない、といっていました」とある。「絵葉書の空の色みたいな水色の袖」が袖裏の紅絹の赤と水色が重なって、「すかっと水色が動くのはおもしろうございました」と書いている。襦袢に対する愛着を感じる。（幸田文『きもの帖』より）

袖口、襟元、裾から見える襦袢

「新 紅筆物語」
井川洗厓／画
◆ 落ち着いた茶の五つ紋留袖に、手の込んだ青い柄半襟と、袖口や振りに細長く見えている襦袢が、全体と調和していて、見事なコーディネートである。

井川洗厓 いがわ・せんがい

本名・井川常三郎。1876～1961年（明治9～昭和36）、岐阜県生まれ。大阪で稲野年恒に師事したあと、東京で富岡永洗についた。1906年（明治39）、都新聞社に入社し、中里介山「大菩薩峠」、本田美禅「御洒落狂女」など新聞小説の挿絵や多くの木版口絵を描いた。

「花の下」
筒井年峰／画 『文芸倶楽部』
1908年（明治41）4月増刊号
◆ 女学生の地味な袴姿に、かすかに見える襦袢の赤がかえって女性らしさを際立たせている。

筒井年峰 つつい・としみね

本名・筒井勇蔵。1863～1934年（文久3～昭和9）、播磨藩（現・兵庫県）生まれ。25歳で月岡芳年の門下となり、四条派の旭峰にも学んだ。1895年（明治28）創刊の『文芸倶楽部』では1912年（明治45）まで、『新小説』においても多くの口絵を描き、木版口絵界において名を馳せた。

「夢見美人」
寺崎広業／画 『文芸倶楽部』
1897年（明治30）3月号
◆ 着物の袖から赤い襦袢の袖を引っ張り出して、口にくわえる女性。鮮やかな赤い色が女の情念を表しているようだ。図にはないが、襦袢の袖でそっと涙を拭く女性とともに、意味深な仕草である。

寺崎広業 てらさき・こうぎょう

幼名・忠太郎。別号・宗山・騰龍軒・天籟山人など。1866～1919年（慶応2～大正8）、久保田藩（現・秋田県）生まれ。狩野派を小室秀俊に、四条派を平福穂庵に師事し、のちに南画家菅原白龍にも学ぶなど、諸派の画法を取り入れ、清新な山水画を多く描いた。日本青年絵画協会・日本絵画協会などで活躍し、岡倉天心らと日本美術院を創立した。

「麻の葉鹿の子」
高畠華宵／画

「梅の窓」
鰭崎英朋／画
『文芸倶楽部』
1914年（大正3）
2月号

◆ このように着物の上前が肩からずれて、襦袢が見える仕草は、浮世絵でよく見られる。挿絵画家では鰭崎英朋がよく描いた。今まで隠れていた「赤」が顔のそばに表れてハッとするひとコマであろう。

「遅日」
竹久夢二／画　大正期

◆ 室内では裾を引いていた着物を、外出時に裾をからげたときに見えるのは襦袢か、蹴出しであろうか。外着の印象が変わるほどのインパクトである。

竹久夢二 たけひさ・ゆめじ

本名・竹久茂次郎。1884〜1934年（明治17〜昭和9）、岡山県生まれ。独学で絵を学び、〈夢二式美人〉と呼ばれる女性像を確立して人気を得た。日本画・水彩画・油彩画・木版画に多彩な作品を残す一方で、詩や童謡の創作に才能を発揮し、詩画を融合させた叙情的な芸術世界を構築して、のちに〈大正浪漫〉と呼ばれる時代のイメージを作った。

縞着物の「今昔」着付け

同じ縞の着物に、
片方はアンティークの色柄長襦袢に
紐類だけを使い、
片方は現代の淡い色の長襦袢と
着付け器具、小物を使い、それぞれ
同じ和室で解いてみることにより、
その情景の違いを比較してみたい。

壱

アンティークの長襦袢と
アンティークの和装小物で
着付けた着物を解いていく。

帯締め、帯揚げ、帯を解いて落とす。

伊達締めを解いて着物を脱ぐ。

肩から着物をすべり落とす。

◆１本の紐にさえ花模様や鹿の子絞りのものを使っているので、色とりどりの着付け小物が畳に散らばる様子はお花畑のようである。艶やかな襦袢はもう１枚の着物のようで、間着（あいぎ）と呼ぶのにふさわしく見える。

弐

現代の薄い色の長襦袢に和装小物と器具で着付けた着物を解いていく。

◆ 補正肌着、ゴムベルト、コーリンベルト、帯枕、帯板、襟芯、脱脂綿、タオル等が散らばり、風情はないものの、白っぽい襦袢も思いのほか、清楚で綺麗である。

帯締め、帯揚げ、帯を解き終え、肩から着物を落とす。

水色の綸子の長襦袢だが、ごく薄い色のため、写真では無地の白色にみえる。

「長襦袢を着たる女」
橋口五葉／画　1920年（大正9）
◆ 絞りの線を滝のように流し、蝶が舞い、花が咲き乱れる美しい長襦袢。丈の長い長襦袢の裾背中心を踵（かかと）で踏んで、少し膝を曲げて、前を合わせ、口にくわえた腰紐を素早く打てば、ちょうどよい丈になる。

橋口五葉 はしぐち・ごよう

1881～1921年（明治14～大正10）、鹿児島県生まれ。橋本雅邦に日本画を、白馬会で洋画を学び、東京美術学校西洋画科を卒業後、版画を主に制作。1911年（明治44）の三越呉服店ポスターなど、図案の方面でも才能を示した。挿絵の作品に『ホトトギス』の表紙・挿絵、夏目漱石「吾輩は猫である」のカットなど。

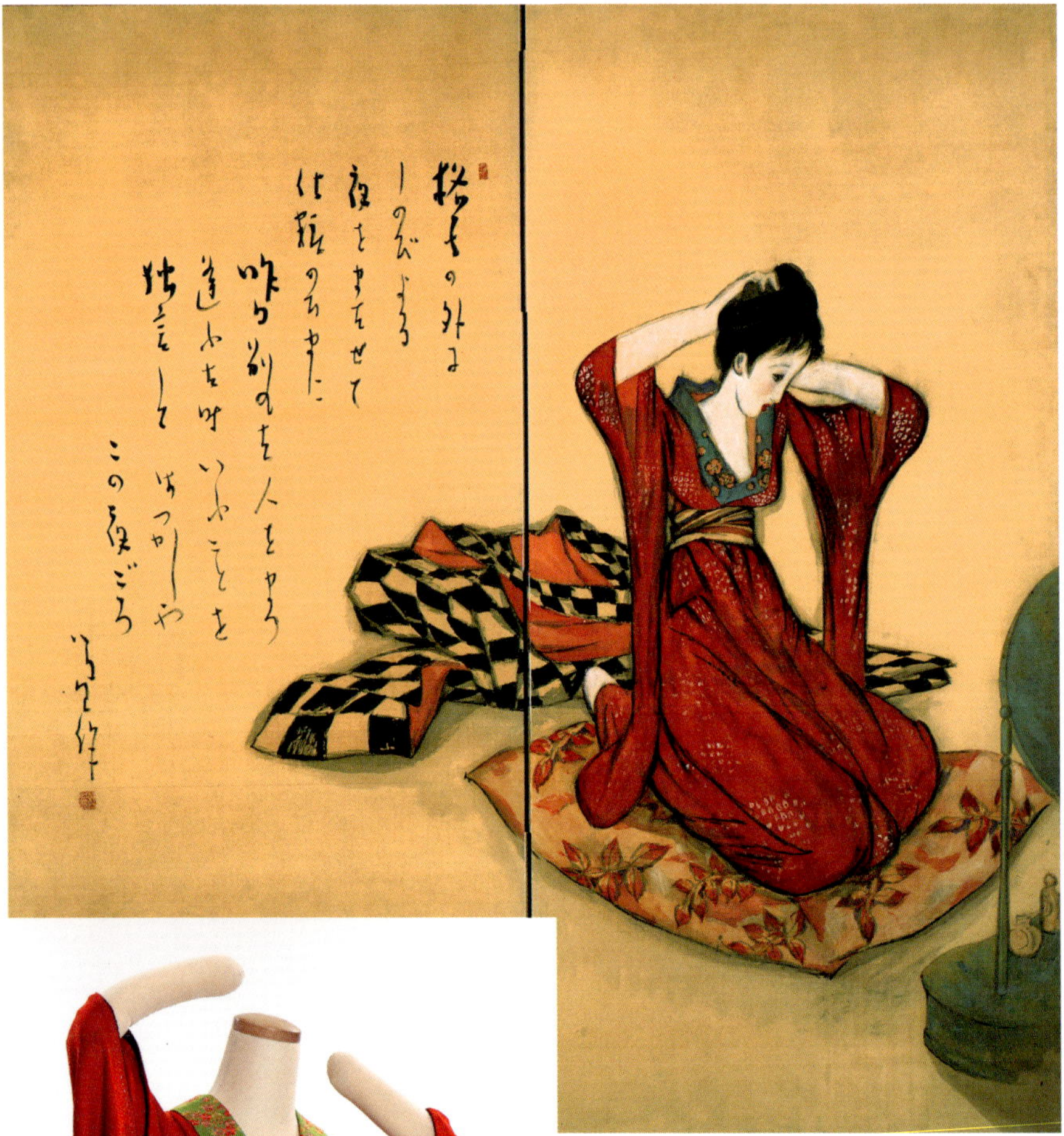

「この夜ごろ」

竹久夢二／画　昭和初期

◆ 襦袢姿で鏡に向かい、髪を整えている女性。鹿の子文様の長襦袢の赤色と、花柄の半襟の緑色の色合わせが鮮やか。絵には夢二作の詩も添えられ、想い人を待つ女性の心情が表現されている。

長襦袢の生地には、絹の綸子（りんず）、縮緬（ちりめん）、羽二重（はぶたえ）や化繊、モスリン、麻等があるが、やはり絹は着物となじみやすく、静電気も起こりにくく、着心地がよい。抒情画でもプライベートタイムの優雅な部屋着としてよく見られる。現実的な難点は頻繁に洗濯できないことであろう。

第2章

長襦袢の文様いろいろ

青海波文様に梅・花薬玉などが散らされた長襦袢。

現代ではほとんど薄い色目や白になってしまった長襦袢ですが、戦前までは花柄をはじめ幾何学文様や動物柄など多種多様な文様が見られました。なかには気球や、お座敷遊びに興じる人々を描いたものまであり、その発想の奔放《ほんぽう》さには驚かされます。表に見える着物よりもその下に隠れる長襦袢のほうが冒険できるのか、文様も華やかで奇抜という傾向がありました。

総じてアンティーク長襦袢には、若々しく可愛らしい色柄が多いことが特徴です。少女の頃に着た着物を大人になって長襦袢に仕立て直した、ということもあったでしょうが、今も昔も「カワイイ大好き」の日本女性の好みが感じられます。また、自分の体にも美しい花鳥風月を纏《まと》いたいという自然に対する慈しみの心を感じることもできます。

本章では長襦袢のさまざまな文様を楽しんでいただきます。

菊《きく》

秋を代表する花であり、
不老長寿の願いも込められてきた花。
数ある植物の中でも
ことさらさまざまに文様化されている。

繊細なタッチの菊。

洋花のような表現の菊。

シャープな松葉とふっくらとした饅頭菊（万寿菊とも書く）の取り合わせがダイナミック。黒の半襟が赤と白を引き締めている。

[上左] 雪輪と小菊。雪輪とは雪の結晶から生まれた文様。
[上右] もみじと菊花。
[下左から] 霞と折枝野菊、乱菊群生、菊花ちらし、折枝野菊。

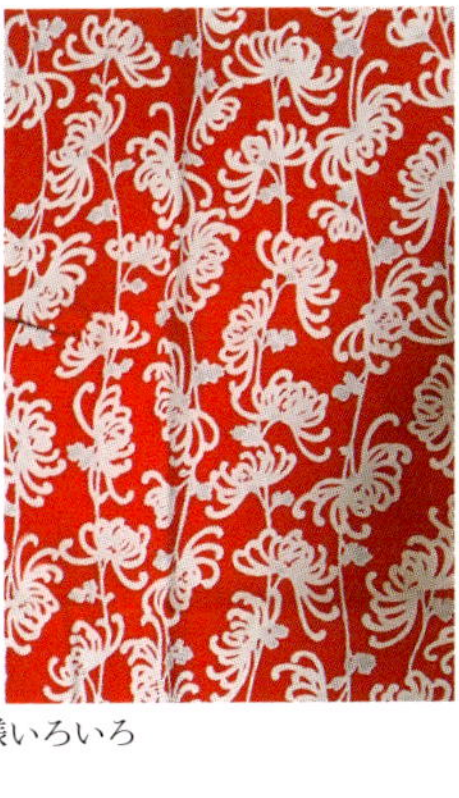

桜

花といえば桜のことをさすように、日本人の心に深く根差した花である桜。図案化された桜柄は春の桜の時期だけでなく、季節を問わず用いられる。

秋桜

宇宙《コスモス》を名に負うコスモスの花。和名の「秋桜（あきざくら・しゅうおう）」をコスモスに当て字するようになったのは、昭和の歌謡曲がきっかけ。

牡丹《ぼたん》

華麗な花の姿から「百花の王」とされ、富貴の象徴でもある牡丹。牡丹唐草のような図案化された文様も用いられてきた。「牡丹に蝶」も定番の組み合わせ。

蝶のシルエットの中に影のような黒いタンポポが描かれている。日向に咲く明るいタンポポのイメージに縛られず、耽美的で自由な表現である。半襟の乱菊が妖しげなムードを引き立てている。

蝶《ちょう》

蝶は卵から幼虫になり、蛹《さなぎ》の時期を経て、羽根ができて美しい蝶となる。その変容のさまが不死、不滅のイメージにつながる。着物の文様としてよく用いられるようになったのは、平安期以降からのようだ。

薔薇《ばら》

薔薇文様の着物は
大正から昭和初期に大流行した。
モダンで華やかという
魅力のほかに、
ほかの花より開花時期が長く、
季節を問わず
着ていいとされたことも、
好まれた理由の
ひとつと考えられる。

薔薇の枝のあいだに淡い色の小鳥がところどころに覗いている。薔薇の花に刺繍がほどこされている部分もある。

一見、緑色部分は葉のように見えるが、緑の薔薇も描かれている。胴裏（どううら）はあざやかな紅絹（もみ）である。さらにアザミの葉模様の半襟が、薔薇の持つ退廃的で妖しいムードを高めている。

菖蒲・杜若

しょうぶ・かきつばた

「いずれ菖蒲か杜若」との言葉があるように、似た姿をした菖蒲《あやめ》、花菖蒲、杜若。着物の柄では水辺の花として描かれることが多い。

古典的な文様に、突然ポップな水玉半襟などを掛けてみると、新しい感覚を発見できるものである。杜若と板橋の組み合わせは、『伊勢物語』で在原業平（ありわらのなりひら）が八橋（やつはし）の地で「かきつばた」の５文字を織り込んだ歌を詠んだエピソードから、「八橋」と呼ばれる。

青色の雲取り文様が水辺を表しているようにも見える、涼しげな色柄。

水鳥《みずどり》

鷺《さぎ》、千鳥、鷗《かもめ》など、水辺に棲む鳥たちの姿は、背景となる川や池や海の風景とともに描かれることが多く、涼やかな爽快感を楽しむことができる。

平家物語の「富士川の戦い*」を連想させる、詩情あふれる夏の絽の長襦袢である。

＊水鳥が一斉に飛び立つ羽音を源氏の奇襲と勘違いした平家が、混乱しつつ撤退したという、その後の平家の没落を暗示するような逸話。

水際の葦に鷺が羽根を休めている図案の夏襦袢。丹念に線で描かれた背景の波模様からは水への恋しさが感じられ、まるで水を纏うかのようである。半襟の夏草にも涼感がある。

月《つき》

月は秋草や雲、鹿や兎、波などとともに描かれて、秋の季節感を伝えることが多い。寂しく静寂な雰囲気を持つ月もあれば、秋祭りの夜を彷彿《ほうふつ》とさせるにぎやかな月もある。

赤の地に大きな満月と霞のカラフルな珍しい柄である。日本人は丸い月に「満月」「望月（もちづき）」「十五夜」と複数の名称で呼び、とくに秋の月は冴えて美しく、今でも月見の行事はさかんに行われている。

花火《はなび》

日本の花火は夏の風物詩。
江戸時代の二大花火師といえば、
玉屋と鍵屋。
ここから、花火を打ち上げたときに
見物人が「たーまーやー」
「かーぎーやー」と
かけ声をかけるようになった。

赤い地に白く抜いた花火の上に金銀の箔置きをした、元禄模様*にも負けないような大らかな文様である。紺色の襟が夜空のように見える。

＊元禄模様とは寛文から元禄にかけて流行した、たいへん大柄で華やかな文様。明治期にもリバイバルがあったという。

雲取り《くもとり》

たなびく雲をかたどった文様。雲の輪《りん》郭《かく》の中、あるいは外に絵や柄が描かれることも多い。

源氏香《げんじこう》

香《こう》道《どう》で用いる記号を文様化したもの。幾何学的な形でありながら、雅《みやび》な意味も持つ。

源氏香のほか、四角い色紙の中には鹿の子、菊、竹が描かれている。空色地の襦袢は珍しい。

［右］天候を司る雲は、古くから移ろう形に吉凶を託され、さまざまな文様として表されてきた。自然現象をモチーフにした中には霞、霧、雷、雨、雪　風等もある。雲取りの中は鹿の子（疋田）絞りで、ところどころに金の細かい箔（はく）がまかれている。黄緑色地の襦袢はあまり見かけない。半襟の大小水玉が霰（あられ）のようである。

石竹《せきちく》

石竹は中国原産の撫子。
別名「唐撫子《からなでしこ》」。
秋の七草のひとつの
河原撫子の
たおやかさと比べると、
すこしキリリとした印象。

花が大きく描かれた非常に大胆なデザイン。炎のような赤に白い花が官能的である。花芯の部分だけが立体的に描かれ、ミステリアスな花に見える。

芙蓉《ふよう》

美しい女性の姿にたとえられる芙蓉。
花の形が似ている
同じアオイ科のハイビスカスも
仏《ぶつ》桑《そう》華《げ》と呼ばれ着物の文様となっている。

初夏から秋にかけて咲く芙蓉は初秋の季語。撫子や桔梗といった秋の花とともに描かれている。

桔梗《ききょう》

秋の七草のひとつである桔梗。
涼しげな秋草は、
夏の着物によく用いられる文様。
『万葉集』に登場する「朝顔」は
桔梗のことだとされている。

現代にもすんなりなじみそうな優しい色柄。

Column 1

花の首飾りのような刺繍半襟

長襦袢のお洒落に欠かせないのは、なんといっても半襟である。その組み合わせ如何で長襦袢の表情が一変するほどである。

半襟《はんえり》は顔に近いところにあり、小さい面積ながらも素材や色柄で、帯と同じくらい存在感がある。着物の襟まわりを汚れから保護し、外して洗え、季節にあわせた創意工夫が自由に楽しめるところでもある。

刺繍や色柄の半襟は戦時中に贅沢を禁止され、モンペが推奨された頃を境にすたれてゆき、戦後はどんな着物にも合う白襟がメインとなった。白半襟は洋服の白いシャツブラウスのように清潔感もあり、無難《ぶなん》で重宝であるが、アンティーク着物には、同じ白でも純白よりオフホワイトのほうがなじむようだ。

そして、何といっても色柄刺繍半襟とのマッチングが素敵である。ここでは絢爛豪華なもの

ではなく、四季折々の野の花や、ささやかな草木を小さくポイント刺繍した愛らしい半襟をご覧いただきたい。まだ現代のような娯楽が少ない夜更けに、ひと針ひと針を運んだ女性たちの洒落心がしのばれる。

花薬玉・花籠

はなくすだま・はなかご

水引《みずひき》や色糸で花々が束ねられた和のブーケ柄。
端午《たんご》の節句に邪気《じゃき》を払うものとして飾られた薬玉《くすだま》は、
香を詰めた袋を菖蒲・蓬《よもぎ》の葉や花で飾り、五色の糸を垂《た》らしたもの。
さまざまな造花で飾られるようになり、
華やかな文様として好まれている。

薬玉は平安時代に中国から伝わった風習であるという。鼓や鳥も一緒に描かれている。

5色の色糸、水引の曲線がリズミカルで躍動感があり、薬玉というよりブーケと呼びたいようである。

［左］花籠は中国の伝説から、美しい仙女を象徴するものだという。
［右］菖蒲の花が逆さまにくくられた花薬玉。色糸が繊細な線で描かれている。

人物《じんぶつ》

王朝文学を思わせる雅な人物、浮世絵風の粋な人物など、アンティーク襦袢にはさまざまな人が登場する。現代の着物にリアルな人物が描かれることは少ないが、江戸時代の着物の人物文の流れを汲みつつ、襦袢でより大胆な柄を楽しんでいたのだろう。

風流傘を持った人物や舞い遊ぶ人びとなど、お祭りの風景が描かれている。

日の丸扇を広げ、刀を肩に担ぎ、浮かれ踊る男。

客に鼓を披露しているのであろうか。渋い柄ゆきの着物の袖口には綺麗なピンクの襦袢が見えている。

目隠しをしてお座敷遊びに興じる男性。粋筋の人が着た長襦袢だろうか。

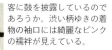

手ぬぐいを吹き流しに冠り、
菊と源氏香柄の着物を前帯で
締めて踊っている。

扇の地紙の形のなかに、
舞い踊る若い女性たちの
姿が描かれている。

踊り笠を被り、もみじ柄の着物で
振出笠を持ち「長唄・新かのこ」
を踊っているところであろうか。

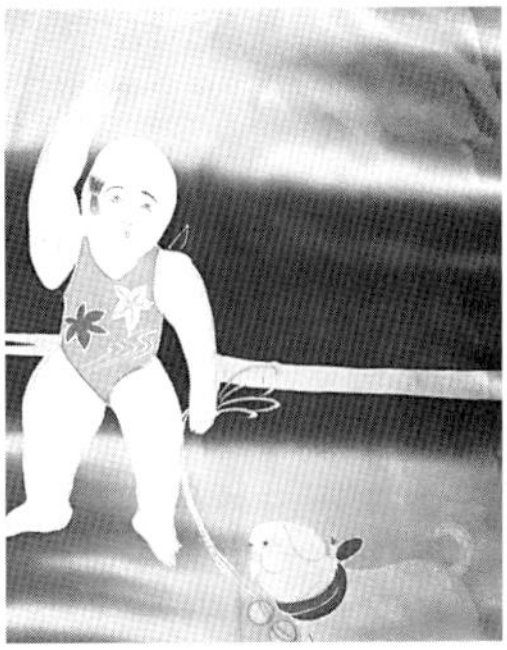

腹掛けが流水にもみじとはシブい子どもである。

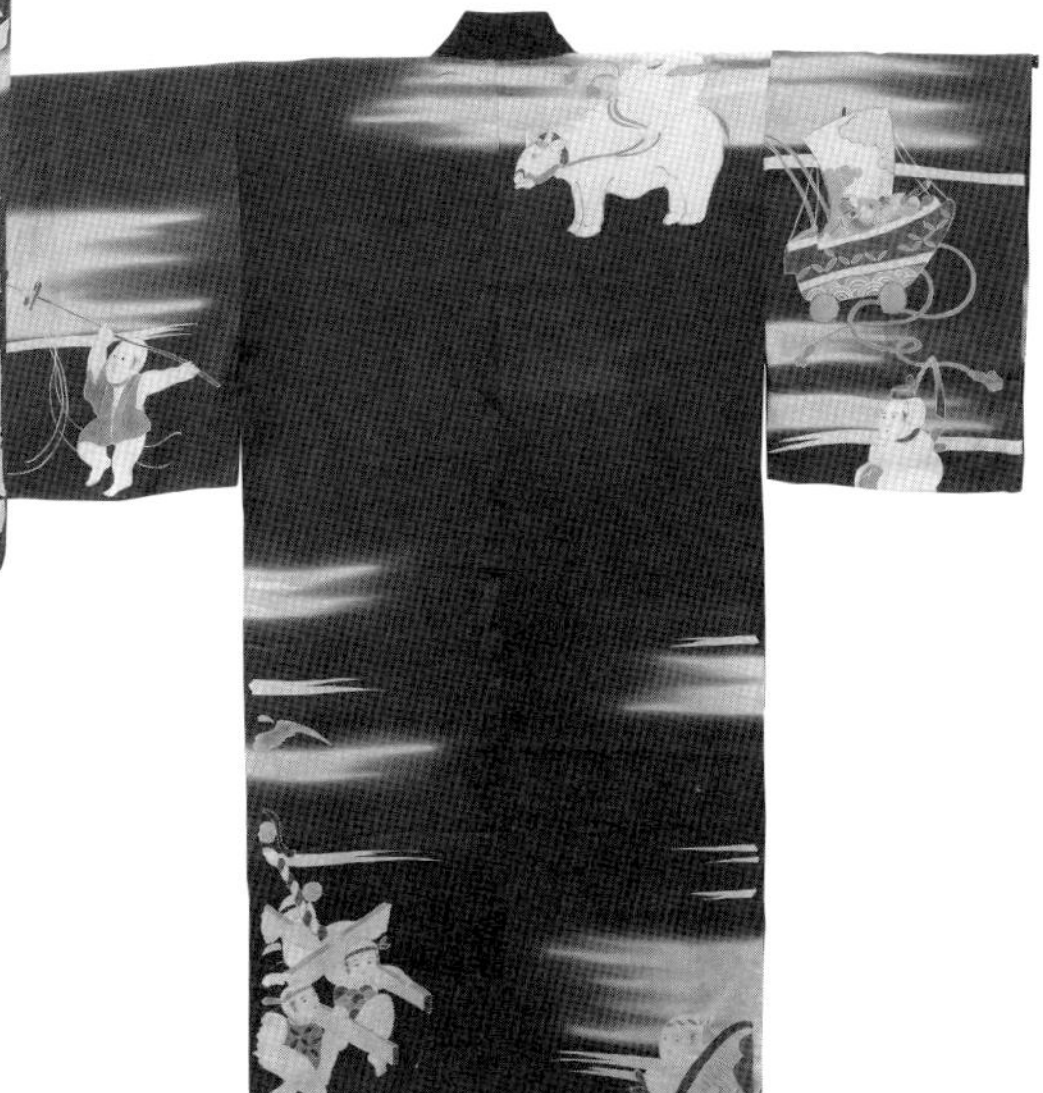

唐子（からこ）などの童子の柄は今も好まれている文様。腹掛けをした童子は、宮中や公家の祝事や贈答に用いられた御所人形の柄。

お面《おめん》

日本は世界の中でも
とりわけ
古い仮面が数多く残る国。
能面や舞楽面などのお面が
着物の柄として
取り入れられるのは
近代以降のこと。

お多福や大黒、ひょっとこなど、縁起のよいお面。風車もあり、お祭りのイメージだろうか。

世界旅行《せかいりょこう》

万国博覧会が開催されたり、ジュール・ヴェルヌの小説が人気を呼んだりと、人々の関心が外国へ、世界へと高まっていった時代。

襦袢ならではの大胆で面白い図案。

世界の都市名が書かれたあいだを、地球儀柄の気球が飛ぶ楽しげな柄。
摩天楼や帆船なども描かれている。

壺垂れ《つぼたれ》

陶器の壺などを作るときにかけた釉薬《ゆうやく》が、自然に垂れてきた形に由来する文様。滴《したた》るさまをうつした文様は、どこか妖艶《ようえん》な雰囲気を漂わせることもある。

グラデーションの壺垂れに淡い色の菊の花が咲き乱れている。ところどころにもみじが散らされ、滝の流れのようにも見える。

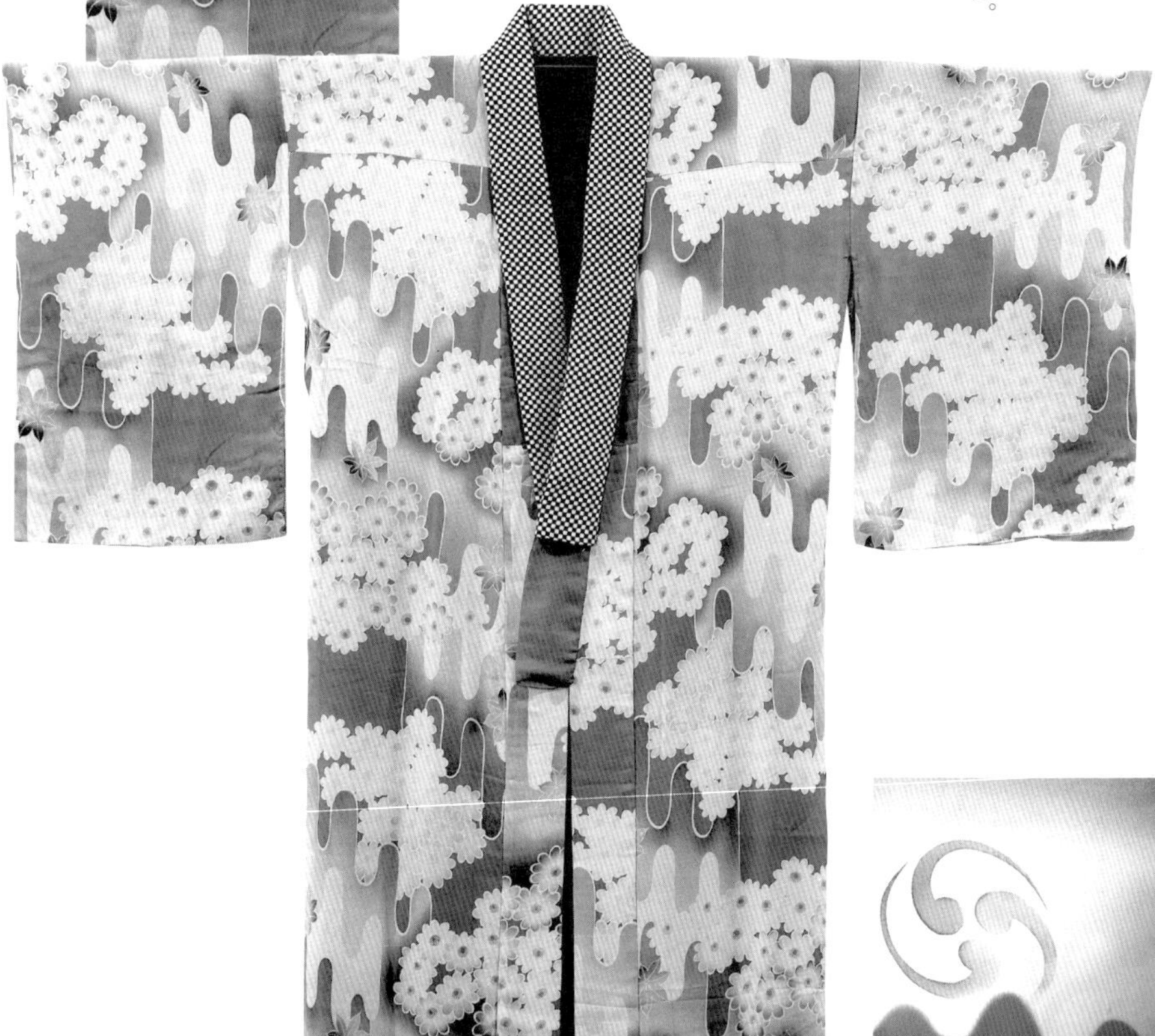

三つ巴文や花文様などとともに描かれ、連なる曲線と組み合わせることでリズムを生んでいる。

幾何学《きかがく》

直線や曲線の連続や組み合わせによって生まれる文様。布の織り方や染めの技法によって作られるものもある。

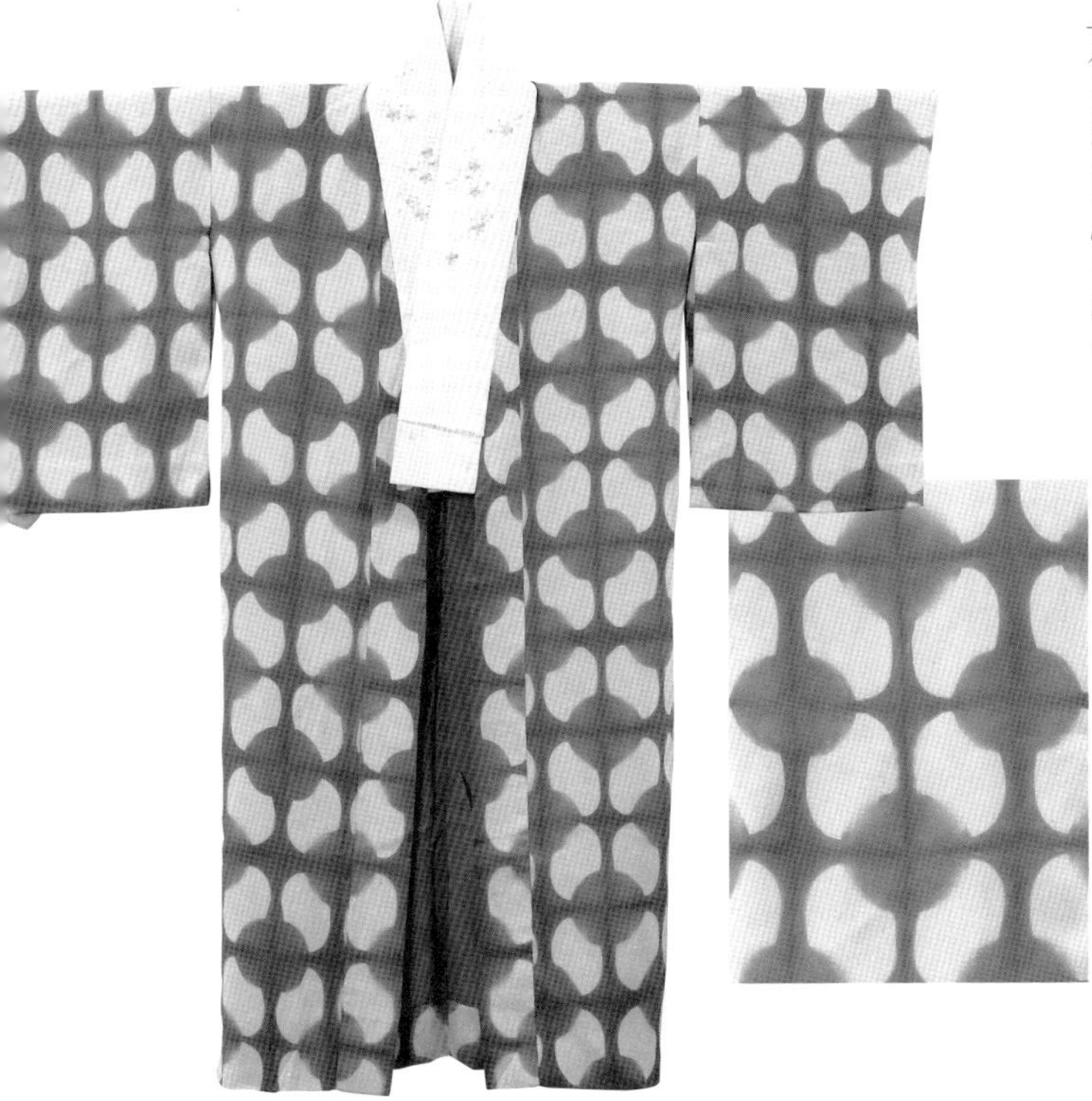

六角形を基調とした幾何学模様・麻の葉文様は、現代でもなじみ深い日本独創の伝統文様。麻の生命力にあやかろうと、長襦袢にはとくによく用いられる。

市松文様の中の大きな円は3枚の扇でデザインされている。扇には梅、菊、紅葉、笹など四季折々の植物が緻密に描かれていて飽くことなく鑑賞できる文様である。

市松に白い牡丹と車輪を散らした雲取りの、古典的な柄の取り合わせでありながら、色遣いがモダンな長襦袢である。

市松《いちまつ》

色違いの正方形を交互に敷き詰めた文様で、「石畳文《いしだたみもん》」ともいう。江戸時代の歌舞伎俳優・佐野川《さのがわ》市松《いちまつ》が好んだことからこの文様が流行し、その姿を浮世絵師が描いてさらに人気を呼び、以後「市松文様」と呼ばれるようになった。

文になっているものは詩歌などの一節の場合がある。この襦袢は文字と家紋柄の切り替え文様になっており、文字は「夕化粧　月もとに照らす　紅の花」だろうか。アカバナ科マツヨイグサ属にユウゲショウという花があり、オシロイ花（赤花夕化粧）のことである。夕方の月灯りを頼りに白粉を叩き、紅を引く女性の姿を重ねたような、粋な内容であるようだ。くずし字の一文には、たとえ読めずとも柄にしたくなるような美しさがある。

文字《もじ》

風景の中に和歌などにちなんだ
文字を書き込む雅な意匠・「葦手《あしで》」や、
江戸っ子が好んだ
「判《はん》じ物《もの》」になっている粋な柄、
文字の形そのものの面白さが
デザインされているものなどさまざま。
一文字の文字文様には
「福」「寿」「吉」
「喜」「夢」などもあり、
その他「かな」「カタカナ」
「アルファベット」まである。

長襦袢の袖部分に「祝　風すさまじく更くる夜」と読める。「風がふく」と「夜がふける」の掛詞＝駄洒落になっていて、とかく文字文様にはこの駄洒落的なタイプがとても多く見られる。

流水・波《りゅうすい・なみ》

川や海をたゆたう水の形は、さまざまに文様化されてきた。涼しげなモチーフとして、夏に好まれる文様。

赤地の青海波の上に、大きな梅花、花薬玉などが散らされた華やかな柄。

同心の半円を重ねた青海波（せいがいは）文様。単なる幾何学文様というだけでなく、おめでたい柄でもある。

縦に大きく蛇行する光琳波（こうりんなみ）に似た流水に、もみじと橘（たちばな）が描かれている。橘は野生のミカン科の常緑低木で常緑であることから、繁栄や長寿を表す縁起のよいモチーフとして用いられている。多くの柄は中国由来だが、橘は数少ない日本で生まれた吉祥文様である。

女性の長襦袢の柄にしては、猛々しい荒波であるが、着物の下にこれを着ていると思うと、勇ましい気分になり、勝負襦袢となるにちがいない。
水に関する柄はその他に、観世水（かんぜみず）、竜田川などがある。流水文様の起源は古く、土器にも見られるモチーフである。

笠《かさ》

市女笠《いちめがさ》、編笠《あみがさ》、花笠《はながさ》など、生活に密着し多様な種類がある笠は、着物の文様にもさまざまなものが登場する。「旅」を象徴していることもある。

狩りに用いる綾藺（あやい）笠と弓矢、そして走り回る兎が描かれた兎狩りを表す柄。

団扇《うちわ》

古くは奈良時代に伝来し、
身分の高い人が持つ
「権威の象徴」でもあった団扇。
江戸時代に
一般に普及してからは、
夏に不可欠の小道具となった。
さまざまにデザインされる
団扇面もこの文様の
面白さのひとつ。

流水と５種類の団扇にあふれんばかりの花々が、丁寧に描かれた夏の長襦袢。白地に赤とピンクの優しい色味で百合、野菊、撫子、菖蒲、萩、桔梗などが確認できる。差し色の水色が涼しげで効果的である。

扇と橘に菊、梅、牡丹がちりばめられた、
目の覚めるような瑠璃色の長襦袢である。

扇《おうぎ》

扇は、末広がりの形が
発展や繁栄を表す、
縁起のいい形とされ、
平安時代から現代にいたるまで
日本人に愛されてきた。
『源氏物語』では
あおぐという役割のほかに、
和歌を書いて贈る、
花を載せて贈るなどの用途に
用いられている。

友禅染は江戸時代、扇絵師であった宮崎友禅斎によって考案された。そのためか、友禅の着物や襦袢には扇柄が多いように思える。

小さな花模様に真赤な檜扇を散らした長襦袢。

あたかもくるくると扇を回して舞を舞っているような、赤に白を基調とした長襦袢である。奥に重ねた扇は抑えた色味の流水文様で、回る扇を立体的に見せている。

ショッキングピンク地の長襦袢。それぞれの扇面に、松、菊、梅などが描かれている。

Column 2

継ぎはぎ襦袢

長襦袢の胴に袖や裾とは違う裂《きれ》を継《つ》ぎはぎにしたものを関東では「額《がく》仕《じ》立《た》て」、関西では「回り下着」といった。袖や裾の見える部分に表着の共布をあしらい、また、その部分を二枚重ね「比《ひ》翼《よく》仕立て」にして「襲《かさね》」を楽しんだというから、質素倹約だけが目的ではないことがわかる。

しかし布地は大切な資源でもあり、極寒《ごっかん》の冬には長襦袢や間《あい》着《ぎ》を何枚も重ね着をしたであろう。家族の着なくなった着物をリメイクした長襦袢の、柄と柄の組み合わせのセンスは実に見事で、当時の女性たちは素晴らしいアーティストである。

パッチワーク（継ぎはぎ）をしたことによってむしろ可愛さアップ。見えないところにも「カワイイ」を求める日本女性の真骨頂である。

紬と竹柄赤羽二重の異素材のバランスがモダンで、このまま着て歩きたいようだ。濃藍の紬部分は男性の着物を継いだもので、冬に間着として着られたのかもしれない。

前身頃の上部に椿の柄を継ぎあわせたことにより、新しい可愛いらしさが生まれている。淡い色同士の掛け合わせには、元からこのデザインだったかのような自然さがあり、作り手の優れたセンスを感じる。

［左］群れで優雅に飛ぶ姿は美しい。
［中］たくさんの花々と貝桶、鞠、風車などの玩具とともに描かれている。
［右］花札でおなじみの、松にすらりとした立ち姿の鶴。

鶴は雌雄が一生添い遂げるとされ、夫婦円満の象徴とされてきた。

鶴

つる

「鶴は千年、亀は万年」の言葉があるように、長寿の象徴であり、おめでたいことの前兆で現れる「瑞鳥《ずいちょう》」であるとされる。婚礼衣装にもよく用いられる吉祥文様。

鶴がいっせいに飛び立つ、胸のすくような美しい場面は、かつてはどこの里山でも見られた光景なのだろう。このタイプの赤白の長襦袢は、婚礼に使用したあと、仕立て直したものであろうか。

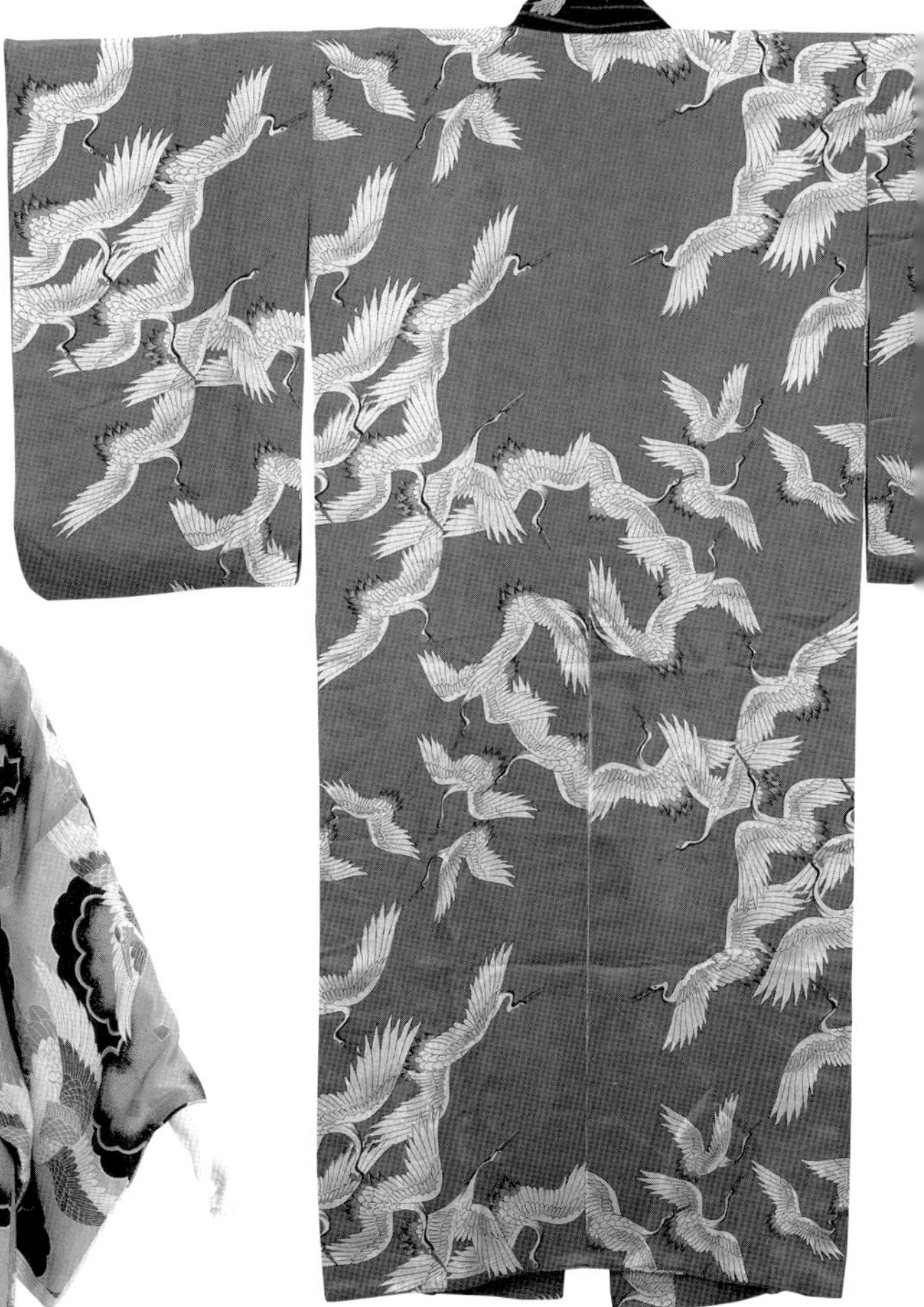

不穏な暗い雲間に羽根を乱して飛んでいるように見える。瑞鳥でさえ嵐に遭うのだと、励まされるようだ。

海老《えび》

腰が曲がっているところから老人を連想させるのか、海老は長寿を象徴するめでたい文様とされる。海老という名にも、海の翁、海の老人という意味がある。

海老のひげ（触覚）を連想させる幾何学模様の半襟をつけている。

鳳凰《ほうおう》

架空の鳥。中国の伝説によれば、有徳の天子の下、天下治まれば現れると伝えられる、めでたい鳥である。食べ物は六〇～一二〇年に一度だけ結実するという竹の実のみとされ、神秘的な存在である。

桐《きり》

桐は鳳《ほう》凰《おう》が棲む木であるとされたため、高貴でおめでたい意味も持つ文様。かつて桐紋は皇室専用のものだった。現在の日本政府の紋章も桐である。

襦袢の柄になっている桐は、家紋等の桐とは異なり、表現も自由で、花が踊るように描かれ、「踊り桐」といわれるものが多い。桐の木は、成長の速さから女の子が生まれると庭に植え、嫁入りにはその木で箪笥を作り持たせたという。

斜め縞に流水を背景にして、桐、橘、梅のフレームにさらにさまざまな植物が描かれ、めでたさ満載である。花札で桐は1年の総決算でもある12月を表し、「ピンからキリまで」の「キリ」にあたる。桐の花が咲くのは初夏だが、桐柄は年間を通して着ることのできる柄となっている。

赤、黄、水色の3色の雲取り文様の上に繊細な桐が散らされた柄。

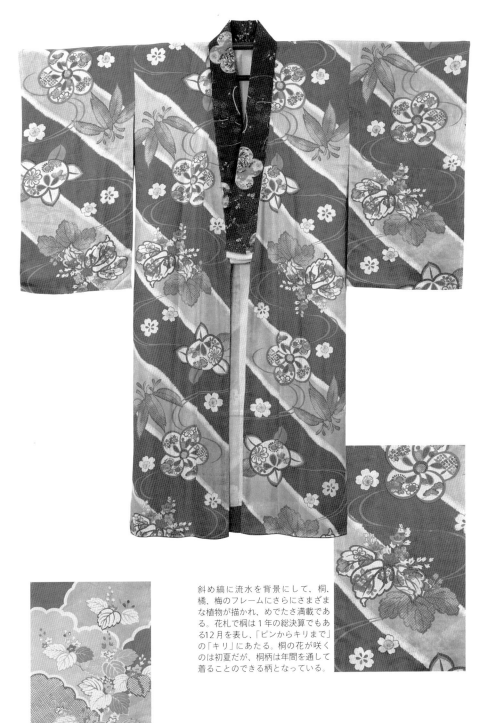

文物《ぶんぶつ》

身のまわりの
さまざまな文物が
図案化されている。
たくさんの同種の文物を
並べた文様は
「〇〇尽くし」と呼ばれる。
円の中に
いろいろな文物を描いて
散らした文様などもある。

余白や間にこそ意味を求め、読み取ろうとする日本人だが、満艦飾や百花繚乱の言葉もあるように、この長襦袢は隙間なく花や文物によって執拗に埋め尽くされ、圧巻だ。多様な要素が盛り込まれた一見くどい柄を、読み解き、愛でて、着て楽しむ日本人の美の許容範囲の広さには感服する。

貝合わせ遊び用の貝が入った貝桶が、花々の中に隠れている。

貝桶《かいおけ》

貝合わせ遊び用の貝が入った箱を貝桶《かいおけ》と呼ぶ。他の貝とは合わせられない二枚貝を用いる貝合わせは、夫婦円満の象徴。

「丸く収まる」、「丸々大きく成長する」の意を持つ毬文様は女の子にはよく用いられ、嫁ぐ際お守りにも持たせたという。この襦袢は幼い頃のもので揚げを下ろしたのであろうか。大きな雲取りには鹿の子、裾には巨大な毬が描かれていて、可愛らしい大胆な柄である。

毬・鞠《まり》

ゴムなどの素材がなかった時代の毬《まり》は、糸を巻き付けて作った。日本では七世紀の半ばに鹿皮製の鞠で蹴鞠《けまり》の遊戯が行われた。その後手毬遊びがされるようになったが、工芸的な美しさを愛《め》でて部屋の装飾としても用いられた。

小槌《こづち》

振れば欲しいものが手に入るという魔法の槌。槌とは物をたたく工具で、木製のものは木槌、金属性は金槌という。物を打つは、敵を討つに通じるので、縁起のよい文様とされる。

円の中に打出の小槌が描かれている。円（丸）は始まりも終わりもなく、永遠に運動し続ける無限の象徴として、また円＝縁をかけて縁起がよい柄とされてきた。

鼓・太鼓

つづみ・たいこ

楽器は、いつの時代にあっても憧れの対象である。大正から昭和初期の少女雑誌や婦人雑誌には、ピアノ、ヴァイオリンを弾く女性がよく描かれたが、長襦袢には王朝期の鼓や太鼓がよく描かれた。

太鼓には定番の巴紋が描かれている。音が鳴る（なる）鼓・太鼓は「実がなる」「事がなる」にかけた成功を表す文様である。

さまざまな花が添えられ、調緒*と渦巻の絡み合う流れは音色を表現しているのであろうか。

*調緒（しらべお）とは日本の伝統楽器、「鼓」の調律に使用される麻紐（ロープ）のこと。

細い糸の流れが優美な、薬玉と花々で彩られた鼓柄。鼓は白拍子などが用いて、歌や舞を盛り上げる楽器として印象深い。また、勇気を奮い立たせる「鼓舞」という言葉から、着る人を励まし、応援してくれるような柄である。

細長い亀甲文様を背景に鼓と檜扇（ひおうぎ）の描かれた長襦袢。鼓と扇の面にも橘や牡丹、芍薬などが描かれ、絡み合いながら縦に流れてゆく紐に、小菊や梅が散らしてある。

遊廓の１階部分はこのように格子になっており、「張見世（はりみせ）」といって遊女がここで客を待つ。張見世は昼見世と夜見世があり、揚代はどちらも同じだった。しかしそれぞれの揚代（あげだい）は遊女の容姿や技量の優劣による評価でその待遇も雲泥の差があった。
写真提供：生田誠氏

Column 3

遊女

赤い長襦袢は多くの女性が着用する一般的なものであったが、緋襦袢というと「遊女《ゆうじょ》」を思い浮かべる人も少なくないだろう。遊女のつらい境遇は「苦界《くがい》」といわれるように、大変過酷で悲惨な女性の生き方であったにもかかわらず、遊女に魅かれる理由のひとつには、当時のファッションリーダーでもあり、スター的な存在でもあったということがあげられる。緋襦袢は遊女が好んで部屋着や夜着にしていただけあって、肌の露出度が少ないがゆえにかえって色気が強調され、肌も白く見え、暗い日本家屋や夜具《やぐ》の中で鮮やかに際立ち、日本女性が美しく見える衣類である。

日本の遊女*の起源には諸説あるが、すでに『万葉集』には「遊行女婦《うかれめ》」、遊女《あそびめ》として表れる。平安時代、神社で歌舞音曲をしていた巫《かんなぎ》が、諸国を漂泊する

「松本米三郎のけはい坂の少将 実はしのぶ」
東洲斎写楽／画

◆ 襦袢の襟の一部分をひっくり返し、裏の赤い色をのぞかせて着る着方を「赤襟を返す」「返し襟」という。その起源ははっきりしないものの、遊女の最高位である京都の島原太夫が御所に上がることを許された身分であることを示すため、赤襟を返したことに由来するとされている。その後は官位とは関係なく、吉原等でも流行し、浮世絵、歌舞伎のなかで花魁を表すファッションとしても取り入れられた。「水揚げされた」サイン、「繰り返し来てもらえるように」というゲン担ぎにもなっている。現代では祇園の都踊り、イベントの茶席に黒紋付き姿でお手前をする際、芸妓さんが赤襟を返している。

「歩き巫女《みこ》」となり、港や辻で遊芸人をしながら、やがて、男《おとこ》舞《まい》を舞う「白拍子《しらびょうし》」となった。宿駅で春をひさぐ遊女とこれらの女芸能人とは密接な関係があった。

のち都市の発展とともに室町幕府は遊女を取り締まり、公娼制が始まり，江戸時代に遊女屋は都市の一か所に集められ、公娼地である吉原《よしわら》などの遊郭《ゆうかく》ができる。遊郭は明治以降も存在したが西洋化のなか、廃娼運動《はいしょううんどう》が起こり、戦後一九四六年（昭和二一）に遊郭は廃止され、遊女は完全に姿を消していった。

＊遊女には、初期から、すでにヒエラルキーが存在していて、のちに何数種も細分化され、名称なども時代や地域によって一様でないうえ、幕府の公娼政策が不徹底なため、公娼に対して私娼も登場し、その名称と形態はさらに多様で複雑になった。ゆえにここでは「遊女」は公娼である太夫（たゆう）、花魁（おいらん）、をさすこととする。

Column

4

赤い襦袢の魔力

襦袢の語源は中世、ポルトガル語の「JIBAO」、「GIBAO」ジバンから転訛《てんか》したというのが定説である。江戸時代は二部式が主流で、長襦袢は当時の遊里《ゆうり》の女性たちが流行させ、その後、庶民の晴れ着などの下へと広まっていったという。

襦袢が遊女にとって、部屋着兼ナイトドレスであるなら装飾的で艶やかである必要がある。白粉に紅を差し、行燈《あんどん》の下で映える赤系（緋色）*の長襦袢は、その美しさもさることながら、

赤の濃淡で表した渦潮柄の情熱的な長襦袢は、意中の人を虜（とりこ）にできそうである。

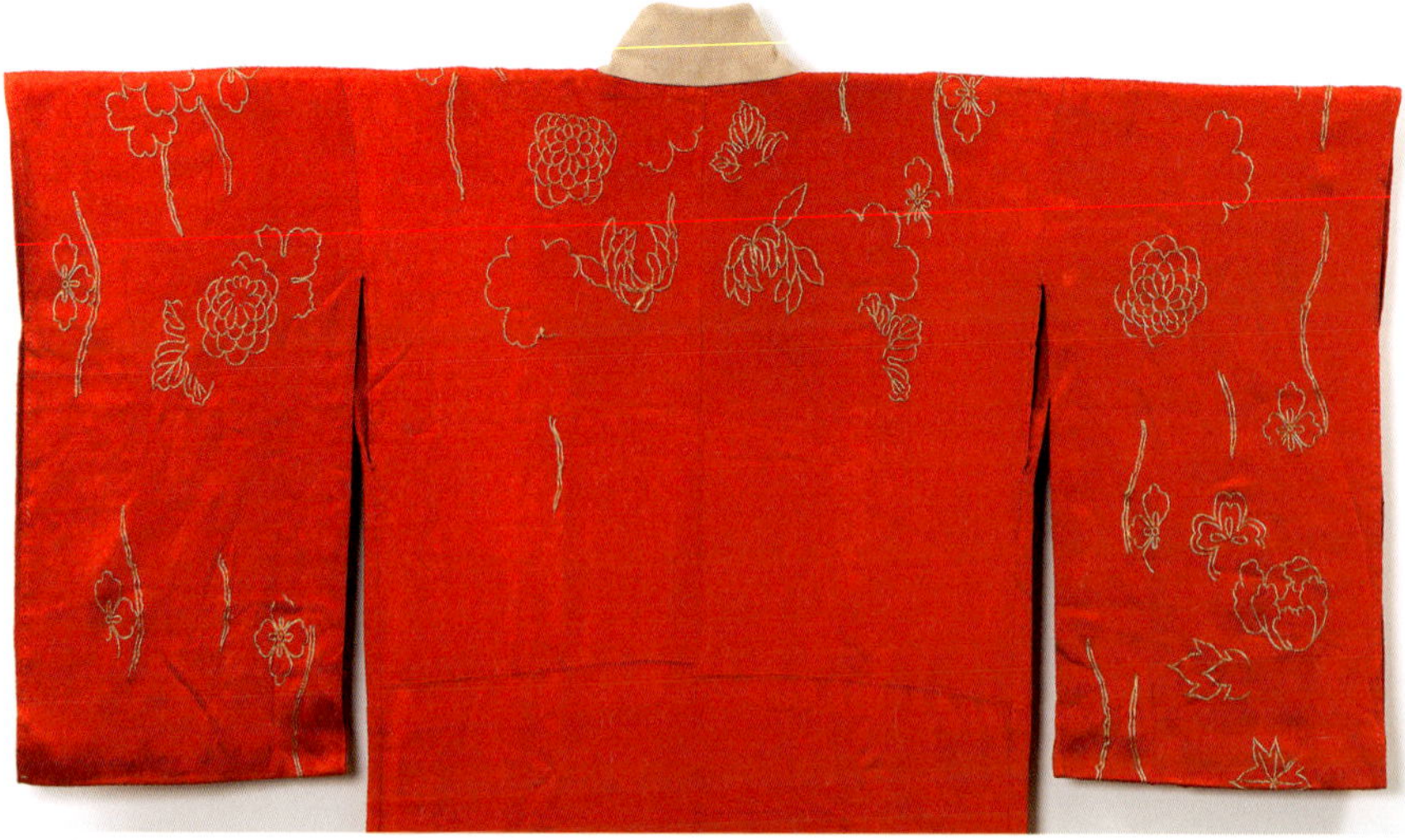

金糸で花の刺繍がほどこされた緋襦袢は、かなり古そうな物である。

遊女が遊郭から逃亡する抑止力にもなったのかもしれない。
　ウコン（黄色）や紅花（茜色）の天然染料で染められた「紅絹《もみ》」は、婦人病に効き目があるとされ、還暦《かんれき》を迎えた高齢者に着せるなど、古くから赤が魔除《まよ》けとされてきた。視覚的に冷え症にも効果がありそうで、生理での失敗も目立たず一石二鳥であったであろう。今でもアンティーク着物ショップや、曾祖母、祖母の持ち物の中にも見られるところから、ごく最近まで、庶民も、晴れ着の下や留袖《とめそで》の下や祭りにも、緋襦袢を着たということがわかる。

＊緋色：平安から使われているやや黄色がかった鮮やかな赤の色名。茜や紫根等の天然染料を用いて染める。

「梅ヶ香」
山中古洞／画
『文芸倶楽部』　1913年（大正2）2月
◆トンネル状になった夜具から抜け出たところであるが、案外男物の「かい巻」の類であるかもしれない。たまたまその場にあった晒しを、間に合わせで、素早く緋襦袢に巻いたのであろうか。絵からは艶っぽい時間の流れが感じられる。納戸色（青系）の半襟は日本女性の肌がもっとも白く、美しく見える色である。
手に持つ玉簪（ぎょくしん）は、江戸の奢侈禁止令には「耳かき」と言い逃れてきたもので、挿し直す仕草は色気や風情があり、シンプルな可愛さゆえに今も変わらず残っている。頭皮のかゆいときに、膝枕で愛しい人の耳掃除に、時代劇では刃物や針を仕込んで武器にもなった。

山中古洞　やまなか・こどう
1869〜1945年（明治2〜昭和20）、東京生まれ。浮世絵師、日本画家。最初は月岡芳年に絵を学び、その後、熊谷直彦などにも学んだ。明治30年代からは雑誌の挿絵や木版口絵をよく描いた。

Column 5

縛り絵の画家・伊藤晴雨のこと

伊藤晴雨《いとうせいう》という風変わりな画家がいた。晴雨は女性を縛り上げ、責《せ》め苛《さいな》む絵を描き続けた。火責め、水責め、雪責め、……がんじがらめに縛りあげられ、不自然に折り曲げられた女性の肢体《したい》と苦悶《くもん》の表情に、美と性的な陶酔を求める特殊な絵画である。没後六〇経った今日でも、晴雨には、なお熱狂的なファンが存在する。

それらの作品の中で重要な働きをしているのが長襦袢……はだけた着物の下から見える赤い色が、火のように興奮を燃え立たせるのだろうか、長襦袢は丹念に執拗に描かれる。

ちなみに一時期、晴雨のモデルをしていた佐々木カ子ヨ《ささきかねよ》とい

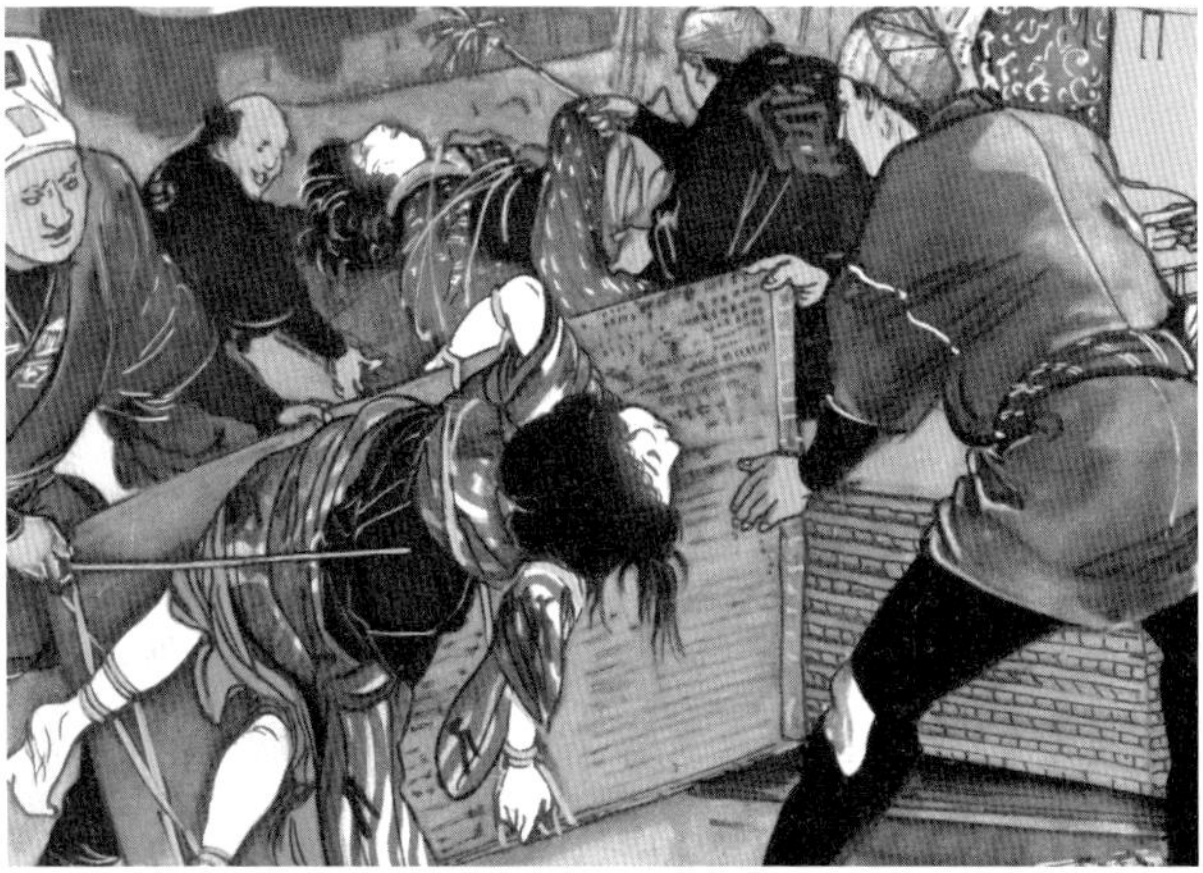

［左］「十二月　煤払い」
伊藤晴雨／画
『十二ヶ月行事奇態刑罰図譜』より
古今社
［下］「三月　桜の下」
伊藤晴雨／画
『十二ヶ月行事奇態刑罰図譜』より
古今社

う女性は、後年竹久夢二のモデルになり「お葉《よう》」という愛称で呼ばれた女性と同一人物である。

なお、晴雨は縛り絵の他に、市《し》井《せい》の風俗を描き記録することにも情熱を燃やし、その方面でも高く評価されている。

「祭り」
伊藤晴雨／画
◆ 庶民の生活を描き、記録し続けた晴雨にとって、祭りの情景は大切な画題のひとつであった。この祭りも、おそらく東京の祭りを描いたものと思われ、子どもたちが手にしている葉や、女性の浴衣の柄から菖蒲の季節の祭りと推測されるものの、残念ながら、何の祭りか、特定されていない。

夢二にお葉と呼ばれた佐々木カ子ヨは、もともと東京美術学校（現・東京藝術大学）のモデルで、伊藤晴雨や竹久夢二のほか、藤島武二の名作「芳蕙（ほうけい）」「女官と宝舟」のモデルもつとめた。多くの画家に創作のインスピレーションを与えることのできる有能なモデルとして働き、美術史に残る作品にその面影を残している。
晴雨のモデルは 1916 年（大正 5）から 3 年間務めた。晴雨は後年「この女を写生した画稿が積んで山を成していたが、戦火に焼かれて、今は一枚もなくなってしまったのは一寸惜しいような気がする。今私が画いているの女の顔は彼女の形見である。*」と書いている。

＊『今昔藘談（ぼくのおもいでばなし）ドキュメント日本人 6 アウトロウ』学芸書林 1968 年（昭和 43）

伊藤晴雨（いとう・せいう）

1882～ 1961 年（明治 15～昭和 36）、東京生まれ。縛り絵・責め絵の画家として有名であるが、挿絵・芝居の看板・演劇評論・大衆風俗を描き残すという仕事もした。著書に『日本刑罰風俗史』（藤沢衛彦と共著）1948 年（昭和 23）粋古堂、『文京区絵物語』1952 年（昭和 27）文京タイムス社、がある。

Column 6

男の長襦袢

江戸後期の奢侈禁止令の影響で、庶民は男女とも地味な着物の下に長襦袢で装飾性を競った。

とくに男ものは見えないところに凝る傾向にあり、長襦袢は羽織の「額裏《がくうら》」*と並んで趣味的な楽しみの対象となった。戦後しばらくは仕事から帰宅した父親の多くは、くつろぐために着物に着替えたが、現代では男女とも着物は窮屈で肩が凝ると思われ、くつろぐために着物を着ることはほとんどない。ただ旅館で浴衣《ゆかた》に着替えて、心からリラックスしている日本人からは、「着物でくつろぐ」の名残を見ることができる。

*額裏とは、衣服の裏の人目につきやすいところによい布を用い、花鳥、風景、能面、人物等を額面のように織り出したり、描染したもので、主に男物の羽織裏に用いられる。

「大岡政談」装幀
小田富弥／画　林不忘／原作
1938 年（昭和 13）新潮社
林不忘の小説に登場するニヒルな怪剣士・丹下左膳。男に派手な女襦袢を着せることで、暮らしに女の存在を思わせ、やさぐれた男の色気を強調させている。男性が女襦袢をまとうというと、ロックバンド「クイーン」のフレディ・マーキュリーが少女もののような可愛い長襦袢をガウンにしていたことも思い出される。阿部定事件を題材にした映画「愛のコリーダ」では、定が自分の派手な長襦袢を吉蔵に着せることで、部屋から出られないようにしていた。

小田富弥 おだ・とみや

本名・大西一太郎。1895〜1990 年（明治 28〜平成 2）、岡山生まれ。北野恒富に師事し、美人画を学ぶ。大正末期より挿絵を手がけ、その後挿絵に転じた。大仏次郎「照る日くもる日」、子母沢寛「弥太郎笠」のほか、直木三十五の著作の挿絵などを担当。股旅ものの挿絵では第一人者と呼ばれ、岩田専太郎と並ぶ人気画家として新聞小説や雑誌連載小説の挿絵も多く手がけた。

背中心に縫い目がないことで、背面には鷹、能面、虎、龍等の凝った絵模様もつけられた。
脱がなければ見えない背中の柄だが、隠れたところに凝る男の、粋なお洒落を楽しめる部分である。

「江戸の」「華」と文字が散らされ、二つ車輪は江戸町火消・は組の纏（まとい）の形。「火事と喧嘩は江戸の華」の言葉が表現された粋な柄。

第3章

長襦袢が見える仕草

「まるめろ献上」
布施長春／画
陸奥城川／作　『冨士』
1939年（昭和14）
1月号　講談社

着物を日常着にしていた時代の女性たちも、屋内で静かに座ってばかりいたわけではなく、とくに庶民の女性たちは案外活発に動き回っていたのではないでしょうか？

洗濯や水汲みをはじめとする家事、生計を立てるための農作業など、一家の大切な働き手だった女性たちは、淑《しと》やかにばかりはしていられず、家事や畑仕事の際は、着物の汚れを防ぎ、動きやすくするために、袖や裾をたくしあげて長襦袢を見せていました。

また、走れば裾から長襦袢が見え、腕をあげると袖口から長襦袢が見え、婦人雑誌や文芸雑誌の口絵の美人画には、女性たちのそんな様子がたくさん描かれています。

布施長春　ふせ・ちょうしゅん

1904～1946年（明治37～昭和21）、東京生まれ。井川洗厓、伊東深水に師事。新聞・雑誌に時代小説の挿絵を描きながら、別名で漫画も発表した。新国劇の舞台装置を手がけるなど、多方面で活躍した。

働く

洗濯、洗《あら》い張《は》り、柴《しば》刈《か》り、
若水《わかみず》汲みなど、一心不乱に働く女性が
たすきで着物の袖をたくしあげ、
しごきで裾をからげるときに
見える赤い長襦袢は、
女性のみずみずしい生命力のシンボル。

「時鳥」
鈴木華邨／画　『文芸倶楽部』
1906年（明治39）4月号
◆着物を洗っている女性。この洗い方は「洗い張り」といい、縫い糸をほどいて反物の状態に戻して水洗いをする洗濯法。

鈴木華邨 すずき・かそん

本名・鈴木茂雄、通称・惣太郎。別号に魚友、忍青。1860～1919年（安政7～大正8）、江戸生まれ。菊池容斎の高弟、中島亨斎に人物画を学んだが、のちに四条派から土佐派や浮世絵の要素を加えた独自の画法を立ち上げ、とくに花鳥画に優れた。20世紀初頭ヨーロッパでは北斎以来の日本画家とされ、もっとも知られた日本画家であった。挿絵や陶磁器などの工芸図案でも高く評価される。門下生には、梶田半古がいる。

「春水」
筒井年峰／画　『文芸倶楽部』
1909年（明治42）4月号
◆この女性は川で洗い物をし終えたところらしい。洗濯機のない時代、洗濯は大きな負担だった。

水野年方／画　出典不明
◆ 柴刈り姿の女性。山歩きをするには着物の裾が邪魔なので、このようなスタイルになった。

「**お昼休み**」
深谷美保子／画　出典不明
◆ 農作業のお弁当休みだろうか。戦前の農村では、女性は着物をたくしあげ、長襦袢を大きく見せて労働していた。

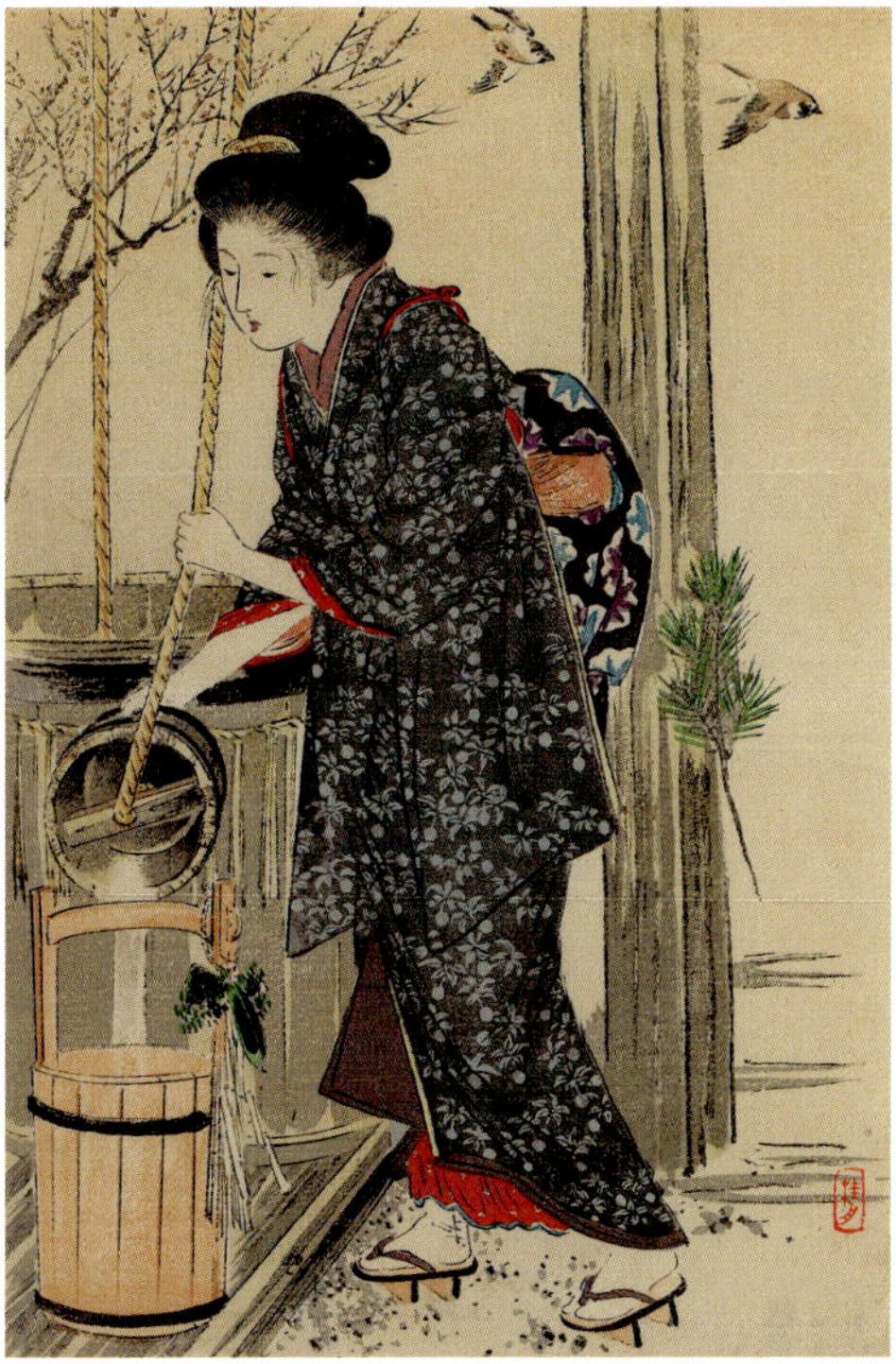

「**わか水**」
武内桂舟／画　『文芸倶楽部』
1907 年（明治 40）1 月号
◆ 元旦の早朝に水を汲むしきたりを「若水」という。地方によって年男の役目とされたり、その家の女性が汲むものとされたりする。

深谷美保子《ふかや・みほこ》

1903～1937 年（明治 36～昭和 12）、出身地不詳。幼少時の病気がもとで脚が不自由になる。洋画を独習。実業之日本社の『少女の友』に投稿を始め、投稿家時代には波路葉子と名乗った。編集長の岩下小葉に認められて 1930年（昭和5）頃より同誌の挿絵画家となり、表紙絵を担当するメイン画家となる。東京社『少女画報』にも挿絵を描いた。

武内桂舟《たけうち・けいしゅう》

本名・武内鉐平。1861～1942 年（文久元～昭和 17）、紀州藩（現・和歌山県）生まれ。狩野永悳、月岡芳年に日本画を学ぶ。硯友社の尾崎紅葉や川上眉山らの小説の挿絵を描いた。1891 年（明治 24）、児童読み物の巌谷小波のおとぎばなし『こがね丸』の挿絵をきかっけに児童文学の挿絵に傾倒、博文館の『少年世界』に掲載された挿絵は明治維新後のもっとも早い時期の児童向け挿絵として現代日本の絵本作家の元祖的存在となった。

水野年方《みずの・としかた》

本名・水野粂次郎。1866～1908 年（慶応 2～明治 41）、東京生まれ。江戸・神田に生まれ、14 歳で月岡芳年に入門。のちに南画の柴田芳洲や三島蕉窓、渡辺省亭にも学ぶ。美人画・風俗画を得意とし、日本美術協会、日本美術院、日本絵画協会などに出品した。1887 年（明治 20）頃から『やまと新聞』の挿絵を描く。

戦う

刀《かたな》や薙《なぎ》刀《なた》をかまえて戦う凛々《りり》しい女性たちが、激しい動きにつれて着物からのぞかせる長襦袢からは、淑《しと》やかで優雅な美人の魅力とは異質な、怖い美しさがかいま見える。

「乱刃の巻」
高畠華宵／画　青山桜洲／作
『日本少年』 1926年（大正15）1～12月号
◆ 佐幕派の闘いの中に活躍する勤皇美少年・六郎は敵に毒を盛られ意識不明となったところを、突然現れた謎の美女にメッタ斬りにされ、荒れ寺に埋められた。しかしこの謎の美女は殺すふりをして、実はこっそり六郎を助けたのだった。

「淑女の操」
月岡芳年／画 『都の花』
1888年（明治21）

月岡芳年 つきおか・よしとし

本名・月岡米次郎。1839～1892年（天保10～明治25）。江戸・武蔵国生まれ。一魁斎芳年、大蘇芳年とも号した。幕末から明治前期にかけての浮世絵師。武者、役者、美人、妖怪を得意とした浮世絵最後の巨匠。無残絵でも知られ「血まみれ芳年」とも呼ばれた。読み本、『絵入自由新聞』、『やまと新聞』、『都の花』、の挿絵も多く手がけた。挿絵の代表作に「松の操美人の正理」「浮雲」などがある。

「侠医賀川大明神」
石井滴水／画　渡辺黙禅／作
『冨士』 1931 年（昭和 6）6 月号　講談社
◆ 女性が振り回しているのは薙刀（なぎなた）。薙刀術は武家の女子の教養や護身術としても受容され「薙刀は女性が主に使う武器である」というイメージが生まれた。

「妖艶飛鳥剣春宵狐若衆」
中村岳陵／画　三上於菟吉／作
『名作挿画全集 2』掲載　1935 年（昭和 10）平凡社

石井滴水《いしい・てきすい》

本名・石井芳次郎。1882～1945 年（明治 15～昭和 20）、東京生まれ。鏑木清方に師事。清方らの結成した烏合会に参加し、作品を出品したほか、創刊当時の『主婦の友』に挿絵を描いた。また、1912 年（大正元）からは『読売新聞』において挿絵を担当した。

中村岳陵《なかむら・がくりょう》

本名・中村垣吉。1890～1969 年（明治 23～昭和 44）、静岡県生まれ。12 歳のとき『新選光琳百図』著者野沢堤雨に琳派を、14 歳で土佐派の川辺御楯に大和絵を学んだ。1908 年（明治 41）東京美術学校日本画科選科に入学。1912 年（大正元）第 6 回文展に、1915 年（大正 4）再興第 2 回院展に作品を出品して認められ、その後毎年、院展に出品し、作風は初期の大和絵研究の上に立ったものから、しだいに装飾性や洋風の感覚が加味され、戦後は日展で活躍した。1961 年（昭和 36）朝日文化賞、毎日芸術大賞。

歩く、走る

歩行につれて
裾からのぞく長襦袢が、
女性のしなやかな
体の動きを伝える。

林唯一 はやし・ただいち

1895～1972年（明治28～昭和47）、香川県生まれ。香川県で松原三五郎に、上京してからは川端画学校で洋画を学ぶ。大正末期から、少女雑誌、婦人雑誌、新聞等に挿絵を描いた。代表作に1934年（昭和9）新潮社『日の出』江戸川乱歩作「黒蜥蜴」の挿絵がある。第二次世界大戦後には農村風景を描いた画集を出版。

「愛の戦車」
林唯一／画　加藤武雄／作
『冨士』
1931年（昭和6）6月号
講談社

細木原青起 ほそきばら・せいき

本名・細木原辰江。1885～1958年（明治18～昭和33）、岡山県生まれ。黒崎修斎に師事、『京城日報』を振り出しに『東京日日新聞』『大阪朝日新聞』で漫画やユーモア小説の挿絵を描く。俳句にもすぐれ、河東碧梧桐門下として知られる。

名取春仙 なとり・しゅんせん

本名・名取芳之助。1886～1960年（明治19～昭和35）、山梨生まれ。久保田米遷に師事。1909年（明治42）に朝日新聞社に入社し、同時期に入社した夏目漱石の小説をはじめとして、数多くの作品に挿絵を描いた。漱石の「三四郎」、森田草平の「煤煙」の挿絵はコマ絵風の描き方により挿絵界に新風を送り込んだ。

「蕪村俳句」
細木原青起／画　蕪村／作
『名作挿画全集8』掲載
1936年（昭和11）平凡社

「雪の渡り鳥」
名取春仙／画　長谷川伸／作
『名作挿画全集3』掲載　1935年（昭和10）平凡社

「冠弥左衛門」
筒井年峰／画
泉鏡花／作
1896年（明治29）
10月号
田中宋栄堂

水野年方／画
『名作挿画全集 4』掲載
1935 年（昭和 10）平凡社
◆ 女性が駕籠（かご）から降りるところ。駕籠とは竹または木製の座席に人を乗せ、上に棒を渡して前後２人で担ぐ乗り物で、この絵にあるような高級なものは「長棒駕籠」または「乗物」と呼ばれた。

腕をあげる

女性が腕を上にあげたとき、
着物の袖から
のぞく真っ白い肌に、
長襦袢の色彩が鮮烈に映える。

「妖麗」
寺本忠雄／画　菊池寛／作
『名作挿画全集 6』掲載
1935 年（昭和 10）平凡社
◆ ダンスホールで踊る男女。大正後期からダンスが大流行し、ダンスホールはモダンボーイ、モダンガールの社交場となった。

寺本忠雄《てらもと・ただお》

1901～1985 年（明治 34～昭和 60）、東京生まれ。絵は独学。『少年倶楽部』『武侠少年』などの少年雑誌でデビュー、のち大衆雑誌、婦人雑誌の現代小説に挿画を描いた。1924 年（大正 13）から新聞小説も手がけ、戦後は時代小説に転じた。

「紅惨緑悲」
筒井年峰／画　『文芸倶楽部』
1898 年（明治 31）6 月号

寝室でくつろぐ

古くから日本人は
下着にあたるものを
寝巻《ねまき》としてきたので、
襦袢を寝巻にすることが
多かったが、
一方では浴衣《ゆかた》もまた
寝巻として利用されてきた。
それは、洋装化に伴い
パジャマなどが
普及するまで続いた。

「あかつき」
武内桂舟／画　『文芸倶楽部』
1912年（明治45）1月号
◆あかつきという題からして、この女性は明け方に起き出して手紙を読んでいるのであろう。かたわらにはねずみ短檠（たんけい）と呼ばれた鼠の飾りのついたあかりを置き、長襦袢の上に着物を羽織っている。首元の紫の部分は長襦袢につけた半襟なのか、あるいは防寒のため首に布を巻いているのか。長襦袢の文様は雲取りという、長襦袢にはよく使われる文様である。色違いの雲取りの文様を右上に添えてみた。

『たそやあんど』挿絵
竹久夢二／画
1919年（大正8）玄文社

『深川染』前編
鰭崎英朋／画　泉斜汀／作　泉鏡花／補筆
1907年（明治40）春陽堂
◆ ヒロイン・お香が着物を脱いで長襦袢姿になっていくシーンを作者・泉斜汀は次のように描写している。

> くるりくるりとまわりながら翁格子の帯をするすると解くと、さやさやという絹摺れ（きぬずれ）の音がして、はらりとばかり衣紋が乱れ、打ち屈んで黒出の八丈の小袖を脱いだ。と見ると、風にも耐えかぬべき痩軀（やせぎす）の繊弱（かよわい）のに花やかな友禅の長襦袢。島田重とう見ゆるまで、撫肩（なでがた）のすらりとしたのに、華車（きゃしゃ）に立った立ち姿の美しさ、あでやかさ、女郎花の其にも似て、かつ寂しきところもあり。杜若（かきつばた）の其にも似て、また凛とした風情もあるなり。

秘めやかな場で地味な着物を脱ぎ、華やかな長襦袢姿を見せる女性は、なかなかの策略家である。

風に裾を翻す

風雨が吹き荒れて
着物の裾が翻っても、
中に襦袢を着ているから
体が露《あら》わになることはない……
長襦袢には
そんな役目もあったのだろうか。

田中比左良 たなか・ひさら

本名・田中久三。1891～1974年（明治24～昭和49）、岐阜県生まれ。松浦天竜に学び、郵便局勤務のあと、1921年（大正10）主婦之友社に入社し、佐々木邦らの小説に挿絵を描く。1930年（昭和5）読売新聞社嘱託となり、『読売サンデー漫画』に「甘辛新家庭」などの漫画を連載。のち新聞小説の挿絵を描く。昭和初期のモダンガールをユーモラスに描いた風俗画で知られた。

「女軍突撃隊」
田中比左良／画　中野実／作
『名作挿画全集1』掲載　1935年（昭和10）平凡社
◆無邪気で、聡明で、大胆な近代娘である三岐子は、婦人探偵として活躍する。近代娘であるから大股に闊歩し、歩みにつれて裾が翻（ひるがえ）り、長襦袢が見える。

[左]**「女軍突撃隊」**
田中比左良／画　中野実／作
『名作挿画全集1』掲載
1935年（昭和10）平凡社
◆婚約者の素行調査、夫の浮気調査などを依頼され、三岐子は弱い立場にある女性たちを護るため、探偵業に励み続ける。

化粧

紅《べに》をさす、
眉《まゆ》をととのえる、
髪を結うなど、
身支度をする女性たちは
長襦袢姿で
鏡に向かっていることが多い。

「化粧の女」
橋口五葉／画　1918 年（大正 7）
◆首筋に刷毛をすべらせ化粧をする女性がまとうのは、鹿の子絞りの赤い襦袢。華やかな菊柄の緑の半襟も目をひく。白粉の香りが漂ってきそうな 1 枚。

『露地の細道』挿絵
竹久夢二／画
1919年（大正8）春陽堂
◆三角形が連なる鱗（うろこ）文様の赤い長襦袢。鱗文様は厄除（やくよ）けの文様とされている。

『露地のほそみち（改装版）』挿絵
竹久夢二／画
1926年（大正15）春陽堂
◆眉墨（まゆずみ）を引き、化粧をする女性の横顔。

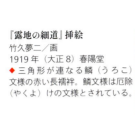

Column 7

婦人雑誌の広告に見る、「袂を漏れる襦袢の袖のなまめかしさ」

『婦女界』一九二五年（大正一四）六月号の広告頁に、当時の着物事情をうかがわせる興味深い広告があった。

「実際世界中何処《どこ》に参りましても、日本婦人の服装位しとやかで、みやびたものはありません。考えてもご覧なさい。緋《ひ》の友禅《ゆうぜん》の長襦袢に、柔かい撫肩《なでがた》から裾にかけて流れる錦紗縮緬《きんしゃちりめん》の褄《つま》模様、袂《たもと》を漏れる紋羽二重の襦袢の袖のなまめかしさ。それは到底西洋婦人には求められない美しさです」

とある。とくに「袂を漏れる紋羽二重の襦袢の袖のなまめかしさ」というところに注目してほしい。現在の着付けでは、袂から長襦袢が見えてはいけないかのようにいわれることもあるが、この文をみると、いけないどころか、袂を漏れる長襦袢の袖は着物の美しさ優美さの演出に、大きな役割を担っていたことがわかる。

また、この文は次のように続く。

「が、その美しさも帯のしめ方一つで、

「これからの外出になくてならぬ衣紋止」
『婦女界』
1925 年（大正 14）
6 月号広告

崩れるという欠点があります。着付が悪かったり、着崩れがしたら、日本服は却って醜さが目立ちます。弊館は其処に着眼しまして、長い間苦心の結果、着崩れ防ぎに最も理想的な衣紋止《えもんどめ》を発明し、専売特許の栄誉を得ました。

着物を着ますのに、ただ下紐を締め、その上に帯を結びましただけでは、自然にユルミが出まして、襟がかぶり前にたるみが出来、従って胸がはだかり見苦しい姿になりますが、この衣紋止を用いますと、衣類にあたる部分はどの様なお召物でも決して痛まぬ様に、柔らかいゴムで滑りをとめ、絶対にゆるまぬ様にはさむ仕懸になっておりますから、一旦お締めになれば解くまで決して着崩れがしません。そればかりか、此の品は自然に襟かたを引く様になりますから、実際以上になで肩に見え、すっきりとして魅惑に満ちた優しい姿になります。

尚本品をお使いになれば、どの様な方でも世話なく思う様なお着付が出来、伊達巻の必要もなく、衿がよごれず、衣類を損ぜず、心持まで軽快になり、思う存分ご活動が出来ますから、ご家庭での立働きには勿論、外出には是非とも必要なものです」

これはリリー美容館という会社による「着崩れを防止するためのゴムバンドのような製品」の広告頁で、一九二五年の婦人雑誌に掲載されていたもの。この時代は、明治時代よりも「着崩れ」を気にするようになったのか。西洋文化の流入とともに、「西洋にバカにされないように、負けないようにキチンとしなければ」という考えも広まったのかもしれない。

「(仮)秋の風」
高畠華宵／画　出典不明
◆ 袂を漏れる長襦袢の薔薇文様が、1920年代流行りのアール・デコ調であることに注目。華宵は長襦袢を、着物ファッションの一部として大切に考えていた。

「梅は匂いよ　桜は花よ　人は心よ　ふりいらぬ」
鰭崎英朋／画
『名作挿画全集 9』掲載
1936 年（昭和 11）平凡社

ギザギザの太い縞文様が、左図の女性の長襦袢と似ている。

「謎の人形師」
小田富弥／画　佐々木味津三／作
『キング』1928 年（昭和 3）
◆ 女形（おやま）の中村扇彌は、謎の人形師に頼まれて芸者の蝶次になりすました。牡丹刷毛を動かしながら美女の誉れ高い蝶次に似せて顔をつくり、婀娜（あだ）な女に変身してゆく扇彌。

松の文様の長襦袢。右図の女性の長襦袢は海松（みる）文様か。ともに大きな手のように見えて、面白い。

「菖蒲湯」
鰭崎英朋／画
『名作挿画全集 9』掲載
1936 年（昭和 11）平凡社

「露地のほそみち（改装版）」
竹久夢二／画
1926 年（大正 15）春陽堂
◆ もろ肌を脱いだ姿で髪をかき上げる女性。髪を洗っている場面であろうか。女性の洗髪は江戸時代の浮世絵にもよく見られる題材。

横座り

長襦袢を見せながら横座りする
女性の姿からは、
くつろいだ気持ちと
親しみやすい気安さを感じることができる。

「三代盗ッ人宿」
富田千秋／画　子母沢寛／作
『冨士』1939年（昭和14）1月号

富田千秋 とみた・ちあき

1901〜1967年（明治34〜昭和42）、香川県生まれ。東京美術学校卒業。初期は菊池寛の現代小説に挿絵を多く描いたが、やがて時代小説、少年少女小説と広く活躍した。代表作に1931年（昭和6）『サンデー毎日』三上於菟吉作「人肉果」がある。

「お洒落狂女」
井川洗厓／画　本田美禅／作
『名作挿絵全集4』掲載
1935年（昭和10）平凡社
◆着飾って化粧して歩くお花は、姿は美しいが言動がおかしく「お洒落狂女」と人々から呼ばれている。男嫌いだが女は好きで、お花と同じほど美人の誉れ高いお紀代のことは、とくに好きだ。

「お伝地獄」
小村雪岱／画　邦枝完二／作
『名作挿画全集 1』掲載
1935 年（昭和 10）平凡社
◆ 挿絵画家・小村雪岱は、江戸前の粋な美女を描くのを得意とした。

「二筋道」
山川秀峰／画　瀬戸英一／作
『名作挿画全集 1』掲載
1935 年（昭和 10）平凡社

小村雪岱《こむら・せったい》

本名・小村泰助。1887～1940 年（明治 20～昭和 15）、埼玉県生まれ。荒木寛畝塾から東京美術学校へ進み、下村観山に師事。卒業後、松岡映丘に学ぶ。1914 年（大正 3）、泉鏡花の『日本橋』の装幀をして以来、数多くの本を手がけた。大正 10 年代からは、日本的情緒を表現できる画家として次々挿絵を描き、なかでも邦枝完二の新聞小説「おせん」「お伝地獄」で際立った才能を発揮した。一方で舞台美術の仕事も多数手がけている。

山川秀峰《やまかわ・しゅうほう》

本名・山川嘉雄。1898～1944 年（明治 31～昭和 19）、京都生まれ。池上秀畝に師事し花鳥画を学んだあと、1913 年（大正 2）に鏑木清方に入門し美人画を学ぶ。1928 年（昭和 3）第 9 回帝展特選となり、11 回では再び特選、翌 1931 年には無鑑査となった。秀峰は伊東深水、寺島紫明とともに、清方門下三羽烏と呼ばれたが、伊東深水とともに青衿会を設立し、美人画の開拓に努めた。また、雑誌『講談倶楽部』や『キング』の挿絵を描いた。

志村立美 しむら・たつみ

本名・志村仙太郎。1907〜1980年（明治40〜昭和55）、群馬県生まれ。日本画家の山川秀峰に師事。18歳で挿絵画家としてデビュー。挿絵と並行して郷土会・日本画会・青衿会へ日本画を出品した。「丹下左膳」の挿絵で脚光を浴び、戦後まで多くの挿絵を描き、とくに凛とした正統派の美人は多くの読者を魅了した。晩年は自らの原点である日本画へ回帰し、品と艶を含んだ「立美美人」を追求した。

「丹下左膳」
志村立美／画　林不忘／作
『名作挿画全集3』掲載
1935年（昭和10）平凡社
◆大柄な菊の文様の長襦袢を着た女性。

「結び文」
高畠華宵／画　便箋表紙
日出づる国社　大正末〜昭和初期
◆格子の着物に麻の葉の帯、座った膝元に見えている青海波は裾裏の布・八掛。その下から細かい格子の長襦袢がのぞいている。

「たわむれ」
高畠華宵／画　『華宵新作美人画』より
1931年（昭和6）真珠社
◆ 女性の膝に載っているのは猫らしいが、顔のつくりが犬である。高畠華宵は犬好きで、猫は飼ったことがなかった。

旅する

車も汽車もなく、
どこへ行くにも
ひたすら歩いていた時代、
女性たちは旅をするとき、
着物の裾が脚にからまりつかないように、
汚れないようにたくしあげて、
膝から下は長襦袢だけを出していた。

「三萬両五十三次」
鈴木朱雀／画　野村胡堂／作
『名作挿画全集 3』掲載
1935 年（昭和 10）平凡社

鈴木朱雀《すずき・すざく》

本名・鈴木幸太郎。1892〜1972 年（明治 25〜昭和 47）、東京生まれ。日本画を野田九浦に師事し、川端画学校に学んだ。1920 年（大正 9）第 2 回帝展で初入選、以後官展を中心に歴史人物画を出品し続けた。また日本美術協会の委員も務め、煌土社にも作品を発表、ベルリン・オリンピック芸術競技にも参加して銅メダルを獲得。

「お伝地獄」
小村雪岱／画　邦枝完二／作
『名作挿画全集 1』掲載
1935 年（昭和 10）平凡社
◆「お伝地獄」は明治初期に殺人罪で捕らわれ、斬首された髙橋お伝をモデルにした小説。お伝は美貌と色香があだとなり、次々に殺人を重ねて希代の毒婦といわれた。

「古川柳」
小田富弥／画　句集「柳樽」より
『名作挿画全集 8』掲載
1936 年（昭和 11）平凡社

肩脱ぎ

暑いとき、大きな動作をするとき、
人は自然と袖をはずして「肩脱ぎ」になる。
これは踊りや歌舞伎の舞台でもよく行われる所作《しょさ》である。

鈴木華邨／画　出典不明
◆肩脱ぎになって蕨（わらび）文様の長襦袢を見せる女性。手ぬぐいで汗をふきながら春の野山を歩くうちに、少しでも涼しくなろうと、片袖を脱いだものと思われる。

「情炎」

高畠華宵／画　絹本着色軸装

1932年（昭和7）

◆これは「八百屋お七」の一場面を描いた作品。江戸時代、本郷の大きな八百屋が火事で焼けたとき、ひとり娘のお七は避難先の寺で美しい寺小姓と知り合い、恋仲になった。しかし家が再建されると2人は離され、会えなくなった。そこでお七の想いはつのり、もう一度火事を起こせば寺小姓と会えるかと思い込み、放火する。お七は捕らわれて火あぶりの刑に処せられたとされる。

この話を元に、さまざまな舞台や絵画が創作されたが、左図のように、お七が火事を知らせるために振袖姿で火の見櫓に登るシーンは作品中で最も有名。

華宵は、上半身の着物を脱ぎ、長襦袢あらわな姿で櫓に登るお七を描いた。ひるがえる裾からも長襦袢が見え、お七の狂気が表現されている。

立膝

膝を立てる座り方は、現代女性なら普通にすることだが、たしなみを重視する時代の女性の仕草としては、あまり褒められたものではなかったかもしれない。ただし時代によって「立膝《たてひざ》」のマナー感覚は変化してきたようだ。あまり見ないからこそ、印象に残るポーズだったともいえよう。

「振袖役者」
神保朋世／画　邦枝完二／作
『名作挿画全集 6』掲載
1935 年（昭和 10）平凡社
◆江戸時代、日本一の名女形（おやま）言われた澤村田之助。その美貌に惚れ込んだ芸者たちが、田之助を奪い合って騒ぎを起こす。

神保朋世 じんぼ・ともよ
本名・神保貞三郎。1902〜1994 年（明治 35〜平成 6）、東京生まれ。鰭崎英明、伊東深水に師事し、美人画の代表的画家となる。浮世絵的な挿絵に邦枝完二『振袖役者』『御殿女中』、時代もの挿絵に野村胡堂『銭形平次捕物控』などがある。

「湯島詣」
梶田半古／画　泉鏡花／作　1899 年（明治 32）春陽堂
◆「湯島詣」は、泉鏡花が、芸者だった妻から聞いた仲間の話を元に書いた作品。蝶吉は堕胎したあと、子のように愛しんでいた人形を壊されて錯乱する。

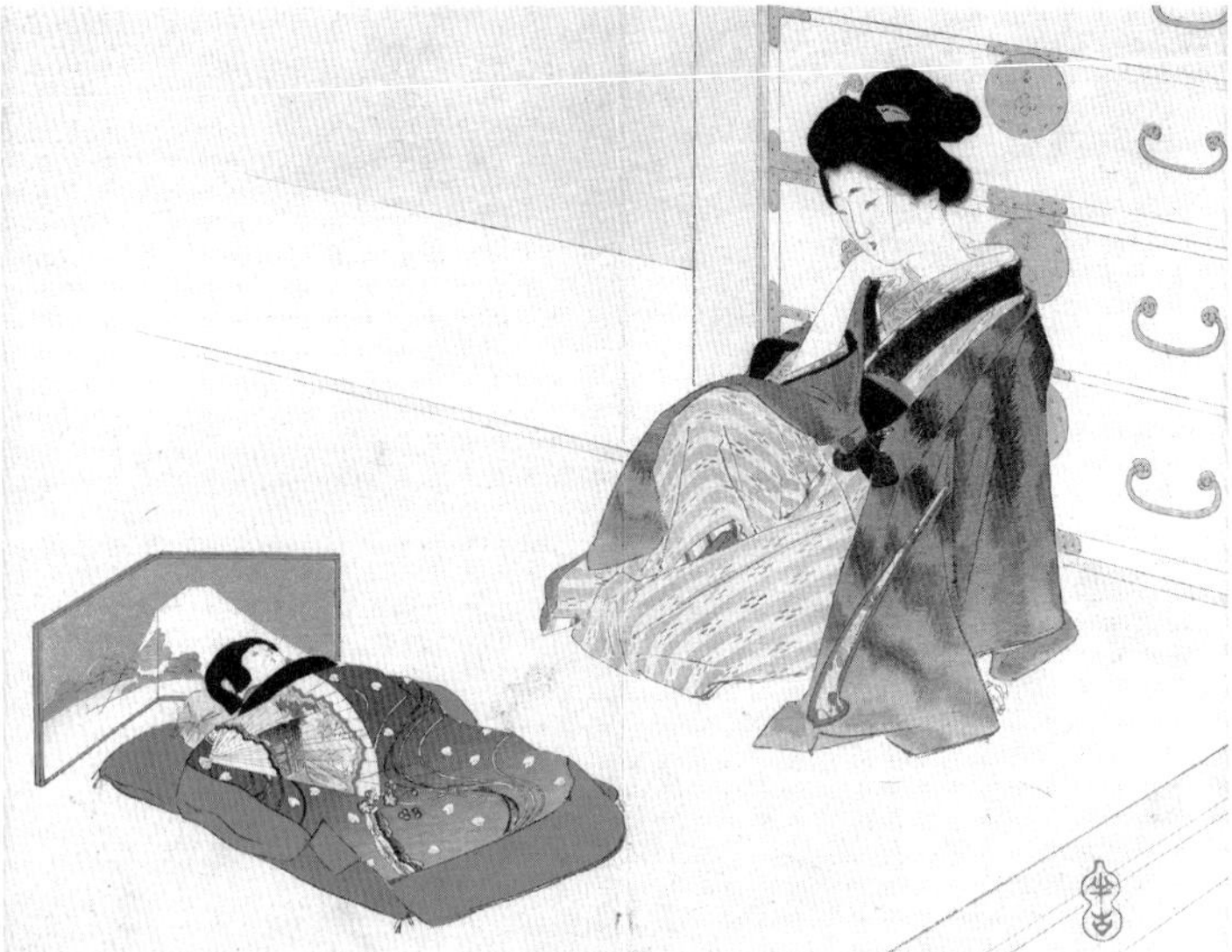

梶田半古 かじた・はんこ
本名・梶田錠次郎。1870〜1917 年（明治 3〜大正 6）、東京生まれ。鍋田玉英に師事し、菊池容斎の影響を受けた。風俗画、美人画を多く描き、1891 年（明治 24）、岡倉天心、寺崎広業らと日本青年絵画協会を設立。明治画壇に新風を吹き込んだ。数多くの雑誌や新聞の口絵や挿絵を手がけた。

胸元をゆるめる

着物の胸《むな》元《もと》の合わせ目がゆるんで長襦袢が見える……
大正から昭和初期の挿絵には、
そのような女性の姿が時々見られる。
江戸時代の浮世絵には頻出する姿であり、
現代ほど着物をきっちりと着ることにこだわりがなく、
ゆるい胸元から長襦袢が見えることも、
あたりまえとしていたのであろう。

「初空」
鰭崎英朋／画
『名作挿画全集 9』掲載
1936年（昭和11）平凡社
◆ 出版美術の世界で活躍する画家は、現代ではイラストレーターと呼ばれるが、戦前は挿絵画家と呼ばれ、展覧会画家に比べて低く見られていた。展覧会画家に転身する機会を待つ者もいた中で、鰭崎英朋は挿絵画家としての強い信念と誇りを持ち続けた。

「深川育」
鰭崎英朋／画
『名作挿画全集 9』掲載
1936年（昭和11）
平凡社

「人妻椿」
志村立美／画　小島政二郎／作
『名作挿画全集 11』掲載
1936 年（昭和 11）平凡社
◆ 海外に行ったまま行方のわからない夫を待つ嘉子に、男たちの好色な魔手が伸びる。二児を抱えながら、必死に貞操を守り続ける彼女に絶体絶命の危機が……。

裾を引く

江戸時代初期頃、着物は各自の身長に合わせジャストサイズで着ていたが、中期になると長くなり、明治期まで、室内では裾を床に引きずることもあったようだ。優雅なシルエットと、着物の合わせ目から長襦袢が見えるところがポイントだった。

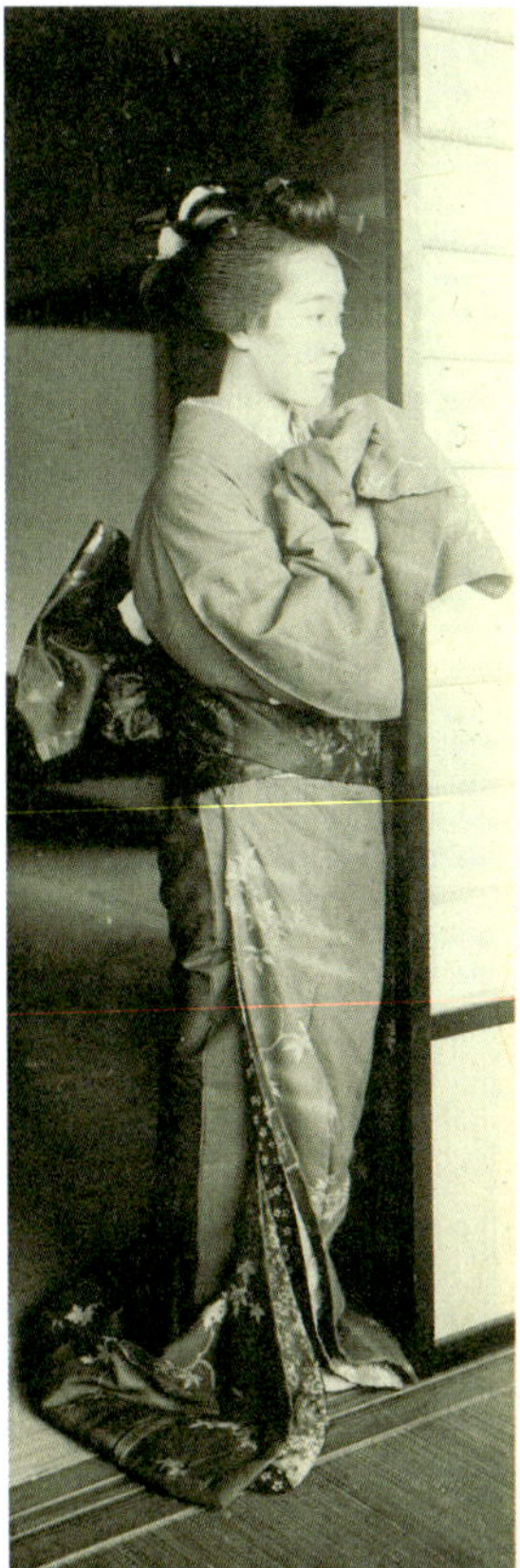

『歴代風俗写生集 8』掲載
『江戸時代末婦人風俗』より
江馬務／著
1918 年（大正 7）芸艸堂

裾を引くように着せた長襦袢。

第4章

長襦袢を描く画家

「旅舎春宵」
竹久夢二／画
1932年（昭和7）

長襦袢という観点から絵画作品を見直してみると、これまで気づかなかったさまざまなことがわかります。

画家によって襦袢を描く画家と描かない画家に、はっきり分かれること……描く画家は、非常によく描きますが、描かない画家はほとんど一枚も描いていないのです。

そして、画家ごとに、長襦袢によって表現したいものは、それぞれ違うようです。

ここでは大正から昭和初期を中心に活躍した、竹久夢二、高畠華宵、小田富弥を取り上げ、それぞれが長襦袢に託した思いを探ります。

長襦袢に着目することで、各画家の個性があざやかに浮かびあがります。

竹久夢二

竹《たけ》久《ひさ》夢《ゆめ》二《じ》は女性のプライベートな時間の密《ひそ》やかさを表現するために長襦袢を描いた。

普通はあまり人目に触れることのない、長襦袢のみをまとって身《み》繕《づくろ》いをする姿、くつろぐ姿は、静かな色《いろ》香《か》に満ちている。

夢二が垣間見た恋人たちの襦袢姿が重ねられているのだろうか。

『三味線草』口絵
竹久夢二／画　1915年（大正4）
◆台に据えられた手鏡に向かい、髪を整える襦袢姿の女性。袖口から脇の下までもが覗いている。元の絵は油絵で、1918年（大正7）京都で開いた個展にも出品されていた作品。

『三味線草』挿絵
竹久夢二／画　1915年（大正4）
◆絵入小唄集『三味線草』の中の1枚、立膝の姿勢でくつろぐ女性。この本の絵について、「その線のひとすぢに、其の色の一刷毛に、恋の夢の数々を秘めたるもの」と宣伝されていた。釣鐘草柄の半襟も目をひく。

『山へよする』挿絵
竹久夢二／画
1919年（大正8）
◆夢二最愛の恋人・彦乃に捧げられた歌集の挿絵。

読書するお葉。モデル･恋人であったお葉、ともに暮らした菊富士ホテルにて。

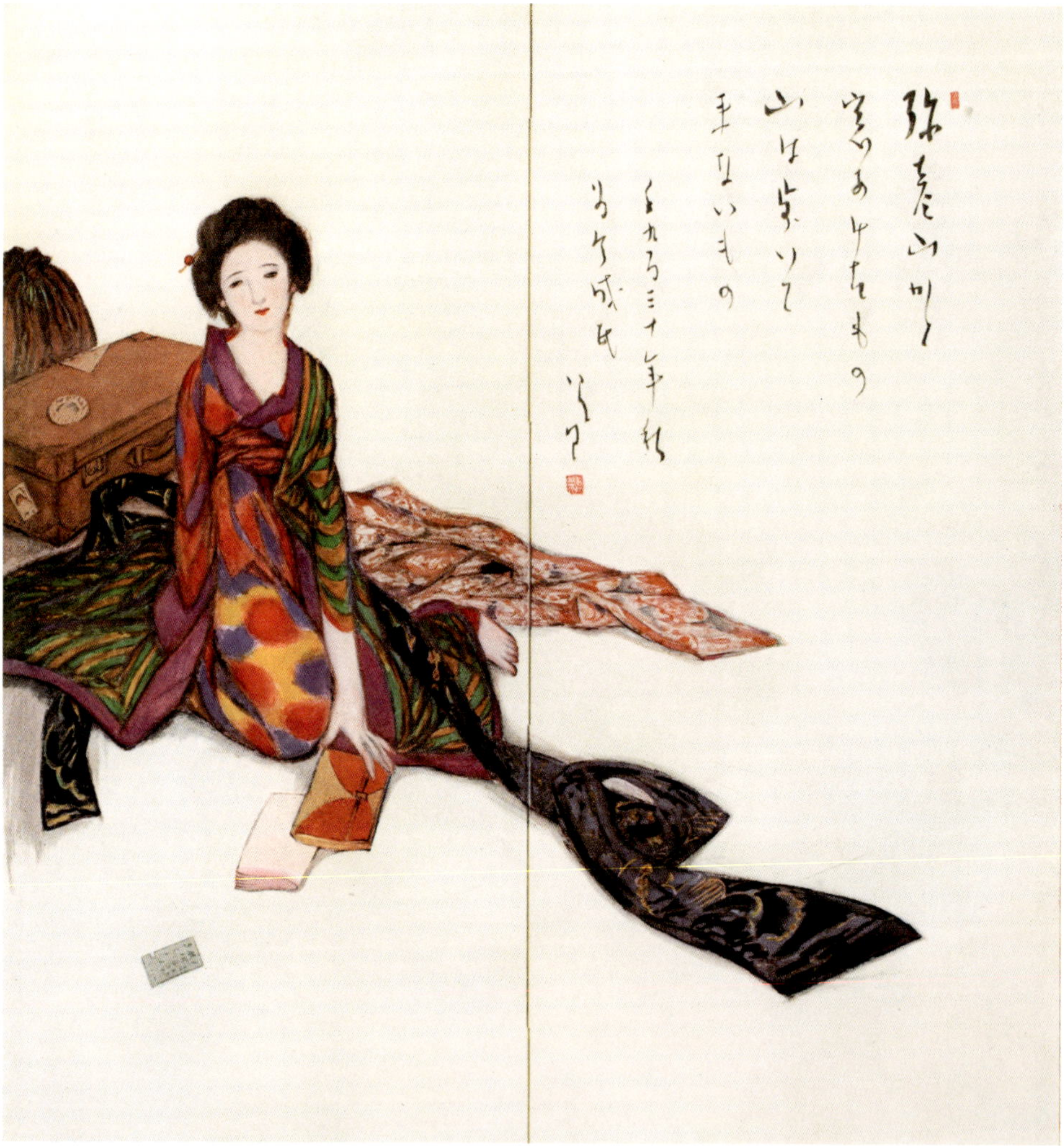

「弥彦山かと」

竹久夢二／画　1930年（昭和5）

◆ 決して派手ではない縞柄の着物の下に、黄色地に赤や紫の大きな水玉文様という大胆な長襦袢をまとう女性。トランクや切符が描かれているところを見ると、旅の宿で帯を解き、ひと息をついた瞬間であろうか。「弥彦山かと　窓あけたもの　山は歩いて　来ないもの」との夢二の詩が添えられている。「山」は夢二の恋人だった彦乃を象徴するもの。彦乃は1920年（大正9）に23歳の若さで亡くなっているが、彼女の面影を感じさせる。

「雪の夜の伝説」
竹久夢二／画
1926年（大正15）
◆着物の袖付けがほつれ、下から襦袢か間着かがのぞいている。あわれな身の上を表すとともに、地味な着物の差し色となり、美しさも生んでいる。

「雪の夜の伝説」をアンティーク着物で再現してみると、改めて極寒時には長襦袢や間着を何枚も重ね着をしていたことがわかる。コートやストールはまだ贅沢品で、一番上には濡れても構わない古い着物をアウター代わりにしたのであろうか。
無造作に重ね着をしているように見えながら、濃い納戸色、紫、黒の重なりは、視線を一番奥の赤い襦袢の胸元へと誘っていく。雪の中で恋人を待つ女性の心は、赤く熱く燃えていたのだ。ところどころ、赤い鹿の子の腰紐や、ピンクの襦袢がはみ出すバランスがとてもお洒落で、夢二のコーディネートによる大正のグランジファッションといえよう。

高畠華宵

高畠《たかばたけ》華宵《かしょう》はファッションの表現のひとつとして長襦袢を描いた。着物の振りや裾からこぼれる襦袢の色柄が、着物の文様と絶妙な調和を見せることで、彼の描く着物スタイルは、より華麗なものとなった。

「花紅葉」便箋表紙絵
高畠華宵／画
大正末〜昭和初期
◆乱菊の着物に鼓文様の帯。足元から豆絞りの長襦袢がのぞく。

「舞踏会で」便箋表紙絵
高畠華宵／画
1931年（昭和6）
◆白っぽい地に、黒い向日葵の花びらがまるで細い触手のように描かれ、妖しい雰囲気の着物である。振りから見える黒い長襦袢が妖艶なムードを高める。

「焔」挿絵
高畠華宵／画　出典不明
◆いなせな若者が少女を屋根の上に担ぎ上げたところ。少女の着物の裾が風にひるがえり、長襦袢が見えている。

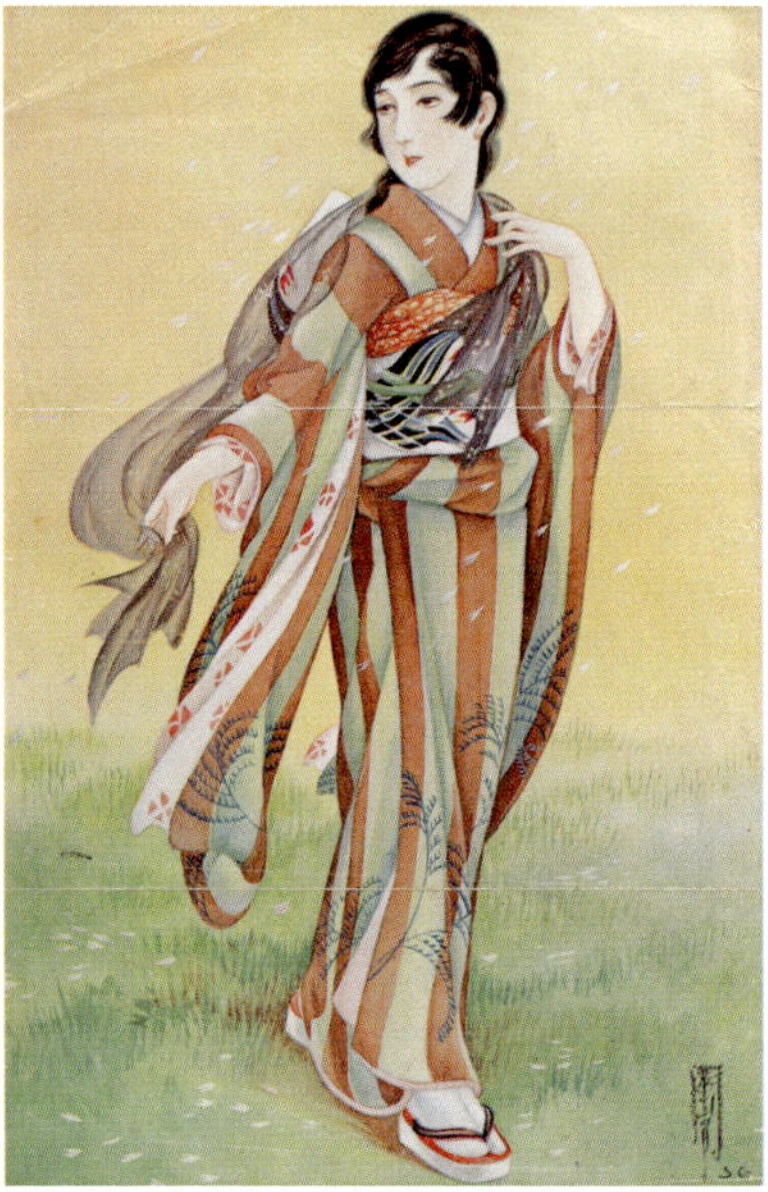

[右]「(仮)**黒いショール**」
高畠華宵／画
出典不明
◆振りから見える長襦袢の文様が地味な着物に華やぎを添える。

[左]「**雪の宵**」
高畠華宵／画　便箋表紙
大正末～昭和初期

「**菊花の装い**」
高畠華宵／画
◆乱菊文様の黒い着物。長襦袢の色が妖しさを深める。

「(仮)**トランプ**」
高畠華宵／画　出典不明
◆トランプゲームに興じる女性。オレンジ色の地に赤い水玉模様の長襦袢。

「初夏の装」
高畠華宵／画
『婦人世界』
1927年（昭和2）5月号

◆昭和初期、洋装の女性が増え始めた頃、抒情画には、洋装と和装、2人の女性が談笑する姿がよく描かれた。抒情画とは婦人雑誌や少女雑誌の表紙絵や口絵のことで、本来鑑賞のために描かれたものであるが、テレビやネットのない時代には、ファッション情報としても機能していた。

［上·下］「**刀の中の父**」**挿絵**
高畠華宵／画　『日本少年』
◆華宵は、女性だけではなく、少年や青年の美しさと色気も表現した。「美しい」と実感できる少年を初めて描いたのは華宵だといわれるが、戦いの中で、はだけた着物からのぞく肌や襦袢がもたらす被虐のエロスが、そのような評判を呼んだのではないだろうか。

◆隣室の様子に耳を傾ける少年の胸元から、着物の中の襦袢がのぞく。

「炎の渦巻」挿絵
高畠華宵／画
『少女の友』1926年（大正15）
◆ 信長に滅ぼされた浅井家の遺児・輝千代が家を再興しようと、孤軍奮闘する物語。溺れそうになったところを土地の長者に助けられた輝千代が寝床の上に起き上がった姿は、市松文様の長襦袢姿。次々窮地に陥って痛めつけられる美少年。

「乱刃の巻」挿絵
高畠華宵／画　青山桜洲／作
『日本少年』
1926年（大正15）1～12月号掲載
◆ 幕末の勤皇少年・六郎は敵に毒を盛られて亡くなり、墓地に埋められた。ほどなく、六郎が埋められた荒寺には、幽霊が出るとの噂がたった。美しい少女の幽霊なのだが、驚くような怪力で、剣の腕も相当なものである。
実はこの幽霊、六郎が少女になりすました姿。この寺に身をひそめながら、佐幕派への反撃の機会をうかがっていた六郎が幽霊と間違えられたのである。

「幕末十剣士」口絵
小田富弥／画　川口松太郎／作
『冨士』1939 年（昭和 14）1 月号　講談社
◆ この女性は鳥追い唄を歌う芸人「鳥追い」らしく、着物の裾をからげ、膝から下は長襦袢を見せている。阿波踊りの女性の扮装は、「鳥追い」の風俗をもとにしたといわれている。

小田富弥

小田《おだ》富《とみ》弥《や》は、女性の躍動的な仕草の魅力を表現するために長襦袢を描いた。刀を振るい、荒くれ男たちと対等に渡り合う女性の、鉄火《てっか》な魅力と格好よさと色気の表現に、長襦袢がひと役かっている。

「狙われた女賊（女白波百両回向）」口絵
小田富弥／画　長谷川伸／作
『キング』1938 年（昭和 13）11 月号
講談社
◆ 女賊・お松は百両をだましとるために、馬方の男を殺した。男の弟は、兄の仇を討つために追いかけてくる。必死のお松は着物の裾をひるがえし、鱗文様の長襦袢を見せながら逃げる。

「心中火取虫」口絵
小田富弥／画　子母沢寛／作
『冨士』　1934 年（昭和 9）7 月号
講談社

◆ 時に「狂乱」というような、激しい情熱を感じさせるところが、富弥描く美人の特徴である。やや乱れた着物からのぞく長襦袢の色が、女性の心の乱れを表し、妖しい魅力をかもしだす。

「新版大岡政談」挿絵
小田富弥／画　林不忘／作
『大阪毎日新聞』
1927 年（昭和 2）12 月 24 日掲載

「新版大岡政談」挿絵
小田富弥／画　林不忘／作
『大阪毎日新聞』
1927 年（昭和 2）12 月 1 日掲載

「幽鬼流尺八伝奇」
小田富弥／画　下村悦夫／作
『サンデー毎日』
1928年（昭和3）
◆刀の目利きをする女性。懐紙をくわえた口と、鋭い眼差しに緊迫感がみなぎる。まくりあげた袖から見える襦袢の文様は大小霰（あられ）か。

「謎の人形師」挿絵
小田富弥／画　佐々木味津三／作
『キング』
1928年（昭和3）12月号
◆あやうく騙し打ちにされかけた男が、自分をおとしいれた女の髪をつかみ、力まかせに打ち倒すシーン。
男女入り乱れる時代劇の乱闘シーンには、長襦袢が必ず描かれる。

「夕涼み」
小田富弥／画　木版画
1935年（昭和10）頃

◆黒の紗の着物からほのかに透けて見える華やかな蹴出（けだ）しが美しい。
この着こなしは現代では見られないが、かつては夏のシースルーを楽しんでいたのだろうか。

現代では腰巻も蹴出しも裾除けもだいたい同じものをさす。蹴出しには人に見せるために高級な緋縮緬や、刺繍入りのものまであったそうである。

「恋慕どろん」

小田富弥／画　長谷川伸／作

『婦人倶楽部』1938 年（昭和 13）8 月号付録「大家花形傑作集」より

◆ 博徒の抗争に巻き込まれた娘・お仙を、行き会った渡世人の鎌太郎が助けた。お仙は鎌太郎に惚れ、彼が再びこの土地に舞い戻ってくるのを、何年も待ち続けた。

「弥太五郎翼」挿絵原画
小田富弥／画　長谷川伸／作
『キング』1936年（昭和11）1月号
講談社

「弥太五郎翼」挿絵原画
小田富弥／画　長谷川伸／作
『キング』1936年（昭和11）1月号
講談社
◆着物が肩から脱げ落ちそうになり、長襦袢が見えている。着衣の乱れに、女性の狂気がかいま見える。

第5章

長襦袢と文学

「唐人お吉」
十一谷義三郎／作　橘小夢／画
平凡社『名作挿画全集6』1935年（昭和10）に収録

戦前の文学作品のヒロインお吉《きち》とお艶《つや》。

本章でとりあげるこの二人は、対照的な性質を持つ女性ですが、いずれも悲惨な末路《まつろ》を遂げます。お吉は善良さにつけこまれて、男たちに踏みにじられ、逆にお艶は、純朴な男にとりついて人生を狂わせ、最後はその男によって殺されます。タイプは異なるものの、二人はともに破滅型の女性です。そして、彼女たちが運命を左右する局面に立った場面で、作者は、なぜかその長襦袢について言及します。

戦前、女性の運命と長襦袢のあいだには、切っても切れない因縁《いんねん》があったということでしょうか。

橘 小夢 たちばな・さゆめ

1892〜1970年（明治25〜昭和45）、秋田県生まれ。川端画学校に学ぶ。日本画の画会を多く開催しながら、挿絵・版画も手がけた。挿絵の代表作に、矢田挿雲「江戸から東京へ」「沢村田之助」等がある。自宅を夜華異相画房と名づけ、「嫉妬」「女郎蜘蛛」「牡丹燈籠」等の版画を自費出版した。

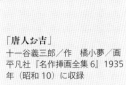

唐人お吉

「**唐人お吉**」
橘小夢／画　木版
1933年（昭和8）

　通商条約の締結のため幕末の下田《しもだ》にやってきたアメリカ外交官・タウンゼント・ハリスの妾《めかけ》になったとされる女性をモデルにした小説であるが、はたしてどこまでが事実にもとづいているのか不明である。

　男たちに裏切られ悲惨な生涯を終えた女性の生涯をテーマに小説家の十一谷義《じゅういちやぎ》三郎《さぶろう》は、『唐人お吉』『時の敗者唐人お吉』などを執筆（詳細については一三二頁参照）。小説の中では特別長襦袢にこだわった表現は見当たらないが、この作品を画家の橘小《たちばなさ》夢《ゆめ》が一九三五年（昭和一〇）平凡社『名作挿画全集6』でとりあげた際は、多くの場面に、お吉の長襦袢姿を描いた。

　作品には、人のよさにつけこまれた女性の哀れさが語られる。そんな女性の無防備な傷つきやすさを表すには、薄い長襦袢を纏《まと》っただけの優しい姿がふさわしいと、橘小夢は思ったのかもしれない。

恋人・鶴がお吉を捨てて江戸に旅立ったとわかるシーンは、この物語の山場のひとつである。鶴は、武士に取り立てるという交換条件にのせられて、お吉を唐人の妾にしようと画策する役人の言いなりになったのだ。それを知らされたお吉が驚愕し、絶望する場面に、チラリと長襦袢が登場する。シーンは、役人・伊佐の言葉から始まる。

> 「いやきち。きちは、よい男を亭主に持ったぞ」
> 「……はい。」
> 「どうぢゃ」
> 「………」
> 「鶴とやら……いや、感心なものだ。よく聴きわけて、江戸へたってくれた」
> 「え！」
> 「また、きちも、よくあきらめて、可愛い男を、手ばなしてくれた」
> 「え、え！」
> 緋ぢりめんと、こはくと、お召しの、品よく抜えもんにかさなっている上へ、彼女が、鶴にやせたうなじを、折れるほどふり仰いで、キリッと唇をむすんで、伊佐をにらまえた――

お吉の蒼白になった顔色と「緋ぢりめん」……長襦袢の緋色が、鮮やかなコントラストをもって読者に印象づけられる瞬間である。

あらすじ

幕末、伊豆《いず》下田の貧しい家に生まれたお吉は、たぐいまれな美貌を見出されて芸者になった。唄や三味線の才能もあり、お吉は町の人気者となるが、安政《あんせい》の大地震をきっかけに知り合った若者・鶴と恋仲になって夫婦《めおと》約束をし、芸者をやめることにする。

しかし、下田沖に現れた黒船がお吉の幸福を打ち砕いた。この船に乗っていたアメリカ人・コンシロウ（コン四郎との記述もあり）の妾にしようと目をつけた日本の役人によって、お吉は鶴との仲をさかれた。鶴は出世に目がくらんで役人の誘いに乗り、お吉を捨てた。

日本外交を救済してくれと頼まれたお吉は、恋人に去られてなかば自棄《やけ》になっていたこともあり、とうとうコンシロウの館に通い、日本最初の洋妾《ようしょう》・ラシャメンとなった。そんな彼女を人々は、「唐人お吉」とさげすんだ。

それでも人のよいお吉はコンシロウに誠意を尽くし、彼にいつか情愛のようなものを抱き始めた。コンシロウもまたお吉を自国・アメリカに連れ帰りたいとまで言うようになった。ところが、新たな黒船が現れ、江戸に行くことになったコンシロウは、アメリカ人の仲間や、懐かしいハムやパンの味にうかれ、また交渉事の進展に気をとられ、お吉のことなど忘れたように立ち去ってしまった。またしても裏切られ、置き去りにされたお吉は、悲惨な最後を遂げたと伝えられている。

激動の時代の波に翻弄《ほんろう》された女の憐《あわ》れさは、伝説となって今も語り継がれている。

唐人お吉の挿絵

1858年（安政5）のある夕方、下田の砂浜に、町の人々から「唐人お吉」と呼ばれるラシャメンのお吉が酔って眠っていた。高価な着物、帯、髪の飾り物に船虫が這いまわるのにも気づかぬほど泥酔している。異国の人に身をまかせるはめになり、町の人々から白眼視されるお吉は、酒にすべてを紛らわしてしまうよりしかたがないのだ。

挿絵を見ると、着物文様は「波に千鳥」、長襦袢の文様は「貝やヒトデ」が描かれ、海の情感を伝える。

酔い痴れて眠るお吉が、突然狂おしく起き上がった。別れた恋人、鶴の夢を見たのだ。

[この見開きすべて]「**唐人お吉**」
十一谷義三郎／作　橘小夢／画
『名作挿画全集6』1935年（昭和10）
平凡社に収録

十一谷義三郎 じゅういちや・ぎさぶろう

1897～1937年（明治30～昭和12）、兵庫県生まれ。東京帝国大学（現・東京大学）卒業後、府立中学教諭を経て文化学院教授となる。1924年（大正13）に横光利一らの新感覚派機関紙『文芸時代』同人に参加。1928年（昭和3）「唐人お吉」で国民文芸賞受賞。のちに歴史小説を中心に活躍したほか、シャーロット・ブロンテ『ジェイン・エア』など英文学の翻訳を行った。

鶴はお吉の初恋の人。安政の大地震の折、下田を襲った津波から逃げまどった際に、お吉は、通りすがりの老婆を助けながら逃げた。その夜、老婆の息子が礼を言いにきた。目元涼しいその若者が鶴だった。鶴21、お吉17の春、2人は恋に落ちた。

船大工の鶴は、津波で家を失ったお吉のために、小さな家を建ててくれた。

「なあお吉つあん、おまえも、そのうち、芸者は、よすほうが、いいぜ……おいらは、こんな、しがない舟大工だけれど……」
「あ、鶴さん、そいっておくれなのは、ほんとうにうれしいよ。あたしも、そのほうが、どんなにか楽しいだろ……」

小夢画

［右］それがある日お吉に「日本最初のラシャメンの恩命」が下された。お吉は血がほとばしるように叫んだ。「いやでござんす」
役所は、お吉を説得するために邪魔な鶴を、江戸に行かせることにした。「江戸に行けば、御大工頭の組下に苗字帯刀（みょうじたいとう）を許される武士としてとりたてる」と言われた鶴は、お吉に別れを言い出した。

「これまでの仲とあきらめてくれ」

「え、な、なんと、おいいだ！」

「出世を、出世を……」

「出世!?」

「おらあ、小ちゃな時分から、刀が、さしてみたかった……」

「ま、おまえ！　……あたしを、あたしを、唐人に、くれて、しまって、それで、その、出世とやらを、しようと、おもって、おいでなんだね……」

(中略)

「あたしや、これでも、女の、にっぽんの女の、はしくれだよ。たとえ、このまま、いっしょう、名主あずけで、すごしたからって、たとえ、牢屋の責め苦をうけたからって、あたしは、あたしは、鶴さん、やっぱり、お前の、女房でいたい……」


役人に「日本の外交を救ってくれ」と拝み倒されたお吉は、鶴に去られて捨て鉢になってもおり、とうとうラシャメンになった。

「唐人お吉が異人の館に行く」と呪いの声をかけられながら、お吉は壮麗な籠に乗せられて、アメリカの外交官・コンシロウの住む館に通った。

コンシロウと接するうち、お吉はひとり異国にいる彼の孤独がわかり、淋しさをやわらげてあげたいと思うようになった。ある夜、外国人嫌いの浪人が闖入（ちんにゅう）してコンシロウに危害を加えようとしたときなど、彼女はその前に立ちはだかり、身をもって彼をかばおうとした。

挿絵のお吉は長襦袢姿に描かれている。当時の日本では、寝室の部屋着や寝巻に長襦袢を用いることは一般的なことであった。

日本の食べ物に慣れることができないコンシロウのために、近所の農夫に頼んで牛乳を手に入れ、飲ませたりするお吉であった。

しかし、次の黒船が入港すると、コンシロウはお吉のことなど忘れ、江戸へ行ってしまった。

くろ舟の入港とともに、をとこのたましいが、そちらへのみ、じつに露骨に狂譟して、もう自分のことなど、どうでもよく、けっきょく、背中の、金色のもんどころが、そのまま、さらしものの烙印になってしまった。
亜米利加は卑怯だ！　……日本も卑怯だ！……世界中、みんな卑怯だ！　……町も、村も、人間も、なにもかも、もういっぺん、三年まえの、あの大津波に、のまれて、つぶれて、ほろんでしまえ！

時の敗者・唐人お吉
――木村荘八の挿絵

市松染のちりめん単衣を来たお吉。おそろいの着物を恋人・鶴のために手縫いしてあったが、着せることはできなかった。

お吉を裏切って江戸に行ってしまった鶴。彼と過ごした夢のような日々を、忘れられないお吉。

お吉の下女・お菊さんは、お吉があまりにたくさんの着物や反物を持っていることに驚く。それらはたいてい唐人・コンシロウからの贈り物であった。

木村荘八 きむら・しょうはち

1893～1958年（明治26～昭和38）、東京生まれ。牛鍋屋いろは第八支店に生まれる。白馬会葵橋洋画研究所で、岸田劉生と知り合いヒュウザン会に参加。のち草土社結成にも加わる。永井荷風「濹東綺譚」や大仏次郎「霧笛」の挿絵で高い評価を得る。また「東京の風俗」をはじめ東京の風俗考証に関する著作も多い。

「唐人お吉」は作家・十一谷義三郎の代表作。『中央公論』一九二八年（昭和三）一一月号に「唐人お吉」、一二月号に「続唐人お吉」を発表。一九二九年（昭和四）一月万里館より『唐人お吉』を刊行。六月二九日～一〇月六日『大阪朝日新聞』『東京朝日新聞』（夕刊）に「時の敗者」を連載。一九三〇年（昭和五）二月新潮社より『時の敗者唐人お吉』を刊行。三月二六日～六月四日「時の敗者唐人お吉　後編」を『大阪朝日新聞』『東京朝日新聞』（夕刊）に連載。七月新潮社より『時の敗者唐人お吉続編』を刊行。

十一谷義三郎はこのほか、唐人お吉にまつわる随筆も執筆。先に紹介した橘小夢の挿絵は、平凡社『名作挿画全集6』一九三〇年（昭和五）に収録されたものだが、本頁では一九三〇年二月に新潮社から刊行された『時の敗者唐人お吉』より、木村荘八の挿絵を紹介する。

お艶殺し

あらすじ

文政《ぶんせい》年間（一八一八〜一八三一）の江戸、老舗《しにせ》の質屋のひとり娘・お艶《つや》は、若い番頭の新助と恋仲になっていた。しかしお艶はひとり娘で、新助もまた家を継がなくてはならない立場にあり、添い遂げられない運命にあった。そんな二人に声をかけたのが、深川の船宿の主・清次であった。清次は、自分の家に逃げてくれれば、あとはそれぞれの両親を説得して一緒にさせてやると二人に言う。お艶はこの話に飛びつくが、新助はためらう。彼は一四歳で奉公に来てから真面目に働いてきた。あと一、二年もすれば暖簾《のれん》分けされて両親の元に帰り、自分の店を持てると楽しみにしていた新助は、主人の娘をさらうような真似をして、人生設計を狂わせたくはなかった。しかし、ついにお艶に押し切られ、二人は駆け落ちを決行したが……。

「お艶殺し」
谷崎潤一郎／作
◆ 初出は 1915 年（大正 4）千章館から刊行され、装幀、挿画は山村耕花であった。ここでは、平凡社『名作挿画全集 5』1935 年（昭和 10）に収録された清水三重三の挿絵を紹介する。

谷崎潤一郎 たにざき・じゅんいちろう

1886〜1965 年（明治 19〜昭和 40）、東京生まれ。東京帝国大学国文科中退。第二次『新思潮』に「刺青」「麒麟」などの唯美的作品を発表して永井荷風に激賞され、以後も強烈な官能美を描き続けた。若いときは西洋趣味だったが、関東大震災後に関西に移住してからは、「春琴抄」「細雪」などの小説や、「源氏物語」の現代語訳等、日本の伝統的な世界に立脚した作品を発表した。

大店《おおだな》のお嬢様・お艶が、若い番頭《ばんとう》の新助をそそのかして、駆け落ちをするところから話は始まる。新助を自分の寝室に誘い入れるお艶を「水のように柔かな緋鹿子《ひがのこ》の長襦袢を着て」と谷崎は描写している。「緋鹿子の長襦袢」は、新助を籠絡《ろうらく》しようとするお艶が、自分の「真っ白な両の素足」をこのうえもなく魅力的に見せる道具立てとして、策略的に選んだ衣だったと思われる。

「此のお艶さえ居なかったら、彼は全く堅儀な人間で通せたのかも知れないのである」とされているように、本来生真面目なタイプである新助がお艶の色香に迷って悪事に手を染め、人を殺し、最後はついにお艶そのものを殺すにいたるという……とめどない転落の物語。その最初のきっかけを作ったのが「緋鹿子の長襦袢」だったとも言えよう。

清水三重三 しみず・みえぞう

旧姓・佐藤。1893～1962年（明治26～昭和37）、三重県生まれ。東京美術学校（現・東京藝術大学）彫刻科卒業。1922年（大正11）帝展に彫刻「閨怨」が初入選、彫刻制作のかたわら、単行本の装幀や新聞小説の挿絵に活躍した。川口松太郎「鶴八鶴次郎」、邦枝完二「お伝地獄」など、単行本の装幀や新聞小説の挿絵で活躍、情話もの、芸道ものを得意とした。

「寒いから締めて此方へお這入りよ」とお艶は鬢（びん）の乱れ毛を掻き上げながら、郡内*の蒲団の上にうずくまって、睫毛（まつげ）の長い眼差で夜目にも白い男の豊頬（ほうきょう）を惚れ惚れと眺め入った。

この後お艶は、今こそ駆け落ちの好機と新助をせきたてる。

＊江戸時代に山梨県の都留で作られた織物。

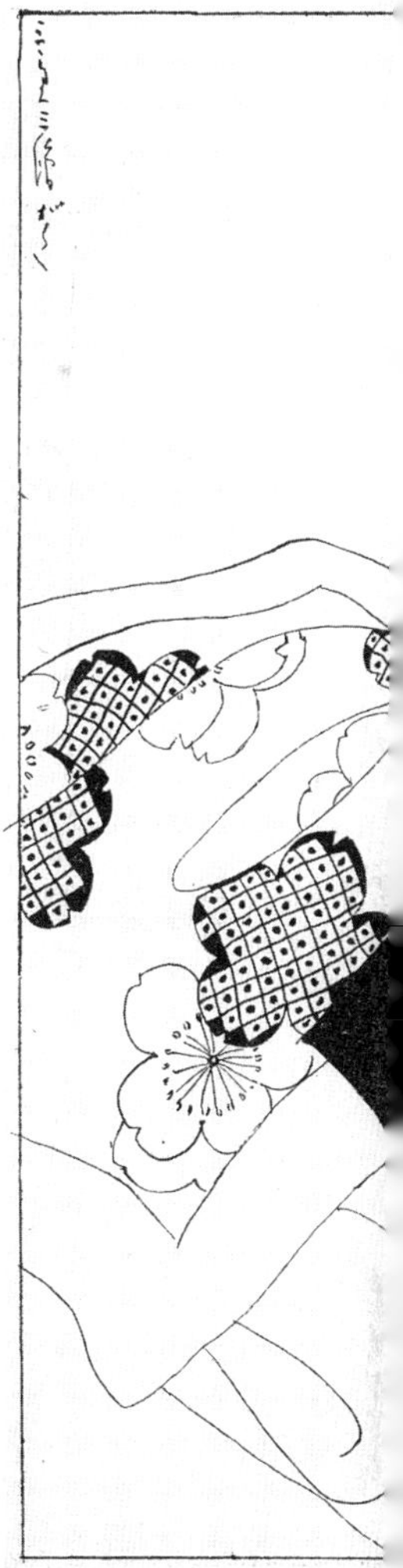

新助は迷うが、泣いてせがむお艶に負けて、とうとう雪降る街へ踏み出してしまう。臆する新助に対し、お艶は「まるであたしたちは芝居のようだ」と、のんきに喜んでいる。出奔の際、お艶は店から多額の金を持ち出しており、これが2人の悪事の最初となった。

2人は清次の家に隠れながら、両親からの許しを待つが、交渉の様子はまったく伝えられず新助はいらだつ。
実は、「両親の説得」などというのは嘘で、美貌のお艶を妾にしたいと思った清次が店からお艶を連れ出すための計略だったのである。お艶から離され、清次の手下から斬りつけられた新助は、騙されたことを悟った。そして、自分の身に振り下ろされる刃物を避けているうちに、逆に相手を殺してしまった。人殺しという大罪を犯すのは案外楽なものだと新助はそのとき思った。ひき離されたお艶を探す新助は、清次の女房からお艶の居場所を吐かせようとするうち、その女をまたしても殺してしまう。
一方のお艶は、自分のものになれ、と清次に攻められ続けるが、応じない。

清次をはねつけたお艶は芸者に売られることになった。なってみれば芸者はお艶の性に合っており、たちまち売れっ子として名を馳せた。お艶は思った。「芸者ほど面白い商売はない。のろい男を欺かして金を絞るほど胸のすくことはない」そんなお艶に新助は再会する。

彼女にひと目会うことができたら自首すると決めていた新助であったが、お艶は「お前は相変らず気が小さいね」と笑う。そしてせっかく再会できたのだから少しは一緒にいておくれ、とせがむお艶の願いを聞き入れて過ごすうちに、新助の自首する決意は鈍る。そしてお艶の変貌ぶりが、新助にもわかってくる。今では旗本を相手に強請（ゆすり）のようなことまでしているらしい。やがて新助までが、人を殺して金を盗むようなことばかり考えるようになってゆく。

お艶が他の男に心を移したことに気づいた新助は、とうとう彼女まで殺すにいたるのである。

第6章

アンティーク長襦袢を活かそう

継ぎはぎのある長襦袢。

ダメージが出てきて着用できなくなったアンティークの長襦袢を、「裾除《すそよ》け」「付け袖」「着付け小物」等にリメイクすれば、お気に入りの美しい布を最後まで楽しめます。しかもエコにもひと役買うことができます。

数枚あれば、継ぎはぎして、自分だけのオリジナル長襦袢も作ることができます。

裾除けを作る

長襦袢の腰下半分を切り、力布に豆絞（まめしぼ）り手ぬぐいをあてた裾除けである。力布とは引っ張られて負荷のかかる腰部分を、補強のために晒し布で切り替えてあるところ。下腹部を左右に引き締めながら着装するとガードル効果も期待できる。

腰紐を作る

長襦袢の布で作った綺麗な腰紐ならば、うっかり見えてしまっても、かえって着物姿の差し色になるかもしれない。

うそつき袖を作る

袖丈、裄（ゆき）のサイズがおおむね合う着物なら、袖部分を解いて「付け袖」「うそつき袖」として活用できる。「うそつき袖」とは「替え袖」ともいい、袖を外した襦袢に付け替えられるようにした単体の袖。着たい着物の袖丈に合わせ、縫い付けるか、ファスナーやマジックテープ等で工夫して使用。

帯板·帯枕を包む

帯板・帯枕は長襦袢の布で包んでしまえば、帯からチラリとはみ出してしまったときでも、目立たず、違和感も少ない。

気に入りの長襦袢を楽しむために

伊達締め
長襦袢を、思わず部屋着にしたくなる、可愛い伊達締めである。

ガロンテープ
アンティーク長襦袢を長く楽しむためには、擦り切れやすい裾、袖口の補強にガロンテープを使うことも有効である。

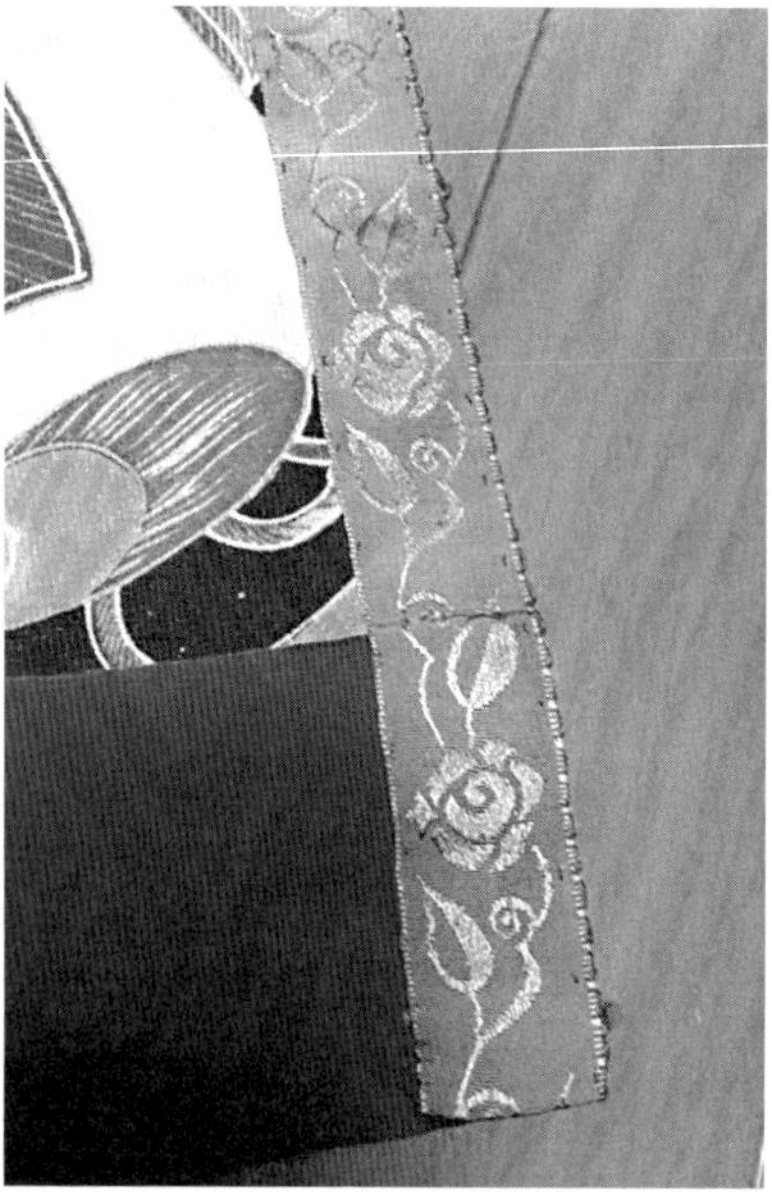

協力者一覧（敬称略・50音順）

有限会社　アラーキー
生田誠
池田あかね
浮田良子
加藤千鶴
加藤宏明
久村み幸
栗原尚子
志村立順
資延勲
鈴木初江
髙橋智世子
髙橋佑子
田中るり子
中村渓一
林利根
平山基之
松本禮子
湧井菜保子

参考文献

・長崎巌・弓岡勝美
『明治・大正・昭和に見る　きもの文様図鑑』
平凡社　２００５年
・著者：幸田文　編者：青木玉
『幸田文　きもの帖』
平凡社　２００９年
・似内恵子
『着物の文様とその見方』
誠文堂新光社　２０１３年
・金森敦子
『お葉というモデルがいた　夢二、晴雨、武二が描いた女』
晶文社　１６６９年

※なお、掲載図版のうち、著作権者ご連絡先不明のものがあります。
ご存知の方は、編集部までお知らせください。

“ロマン写真館”とは

ロマン写真館とは、写真家・荒木経惟作品の着物姿のスタイリングを1982年より担当してきた岩田ちえ子と、雑誌、新聞を中心に、映画、演劇、音楽と多方面で活動する写真家・首藤幹夫による参加型アートプロジェクトである。2012年より東京の弥生美術館をベースに毎月1回活動を続け、これまで東京近郊をはじめ北海道や九州などの遠方からお越しくださったお客さまは400名以上。普段はそれぞれがプロとして活躍するスタッフが集まり、楽しく和やかな雰囲気のなかで撮影を行っています。

また、ロマン写真館は美術館の休館日に開催されるので、撮影後は着物姿のまま美術館を独り占めして、作品鑑賞ができるのも魅力のひとつです。

Web Site ｜ http://www.roman3.net/

お問合せ ｜ roman3photo@gmail.com

弥生美術館・竹久夢二美術館 紹介

弥生美術館は1984年（昭和59）、竹久夢二美術館は1990年（平成2）に開館しました。
二館は渡り廊下で接続しており、入り口は1か所です。
弥生美術館は、高畠華宵をはじめとする
大正から昭和30年代までの挿絵画家の作品を中心に展示、
竹久夢二美術館は、夢二が〈大正ロマン〉と呼ばれる時代のイメージをつくった
美人画やデザインの作品を展示しています。
3か月ごとに年4回の企画展を開催します。

弥生美術館

所在地	〒113-0032　文京区弥生2-4-3 TEL：03-3812-0012（代）

竹久夢二美術館

所在地	〒113-0032　文京区弥生2-4-2 TEL：03-5689-0462（代）
交通	**【東京メトロ】** 千代田線根津駅下車1番出口　または 南北線東大前駅下車1番出口 それぞれ徒歩7分 **【バス】** 御茶ノ水駅・上野駅より　東大構内行き都バス 終点下車徒歩2分（当館は東京大学弥生門の前にあります）
開館時間	午前10時から午後5時（入館は午後4時30分までにお願いします）
休館日	月曜日（ただし祝日と重なる場合はその翌日）／年末年始（1週間） ＊展示替えのため臨時休館することがあります。
入館料	※二館ご覧いただけます 一般…900円　大学・高校生…800円　中・小学生…400円 団体20名様以上…各100円引き
URL	http://www.yayoi-yumeji-museum.jp

[編著者紹介]

岩田ちえ子（いわた・ちえこ）

スタイリスト。1980 年代からフリーランスのスタイリストとして雑誌、広告、TV 等の仕事を手がける。
写真家・荒木経惟作品では登場モデルに着物や長襦袢を多く用いたスタリングを 37 年間担当している。
加えて近年は、ミュージシャンのステージ衣装、
ロマン写真館、シニアハイテンションの企画で活動している。
編著に『アンティーク着物万華鏡』（河出書房新社）。

中村圭子（なかむら・けいこ）

1956 年生まれ。中央大学文学部哲学科心理学専攻卒業。弥生美術館学芸員。
主な編著に『昭和美少年手帖』『日本の「かわいい」図鑑』『魔性の女挿絵集』『橘小夢画集』
『谷崎潤一郎文学の着物を見る』『アンティーク着物万華鏡』（いずれも河出書房新社）などがある。

中川春香（なかがわ・はるか）

1988 年生まれ。慶應義塾大学大学院文学研究科修士課程修了。竹久夢二美術館学芸員。
今まで担当した展覧会に「竹久夢二とモダン都市東京展」
「夢二をめぐる人々」「竹久夢二と雑誌の世界」「竹久夢二　美人画展」などがある。
編著に『アンティーク着物万華鏡』（河出書房新社）。

[撮影] 大橋 愛

らんぷの本
mascot

長襦袢の魅力

着物の下の遊び心、女心

2019 年 8 月 20 日　初版印刷
2019 年 8 月 30 日　初版発行

編著者　岩田ちえ子＋中村圭子＋中川春香
発行者　小野寺優
発行所　株式会社河出書房新社
〒151-0051 東京都渋谷区千駄ヶ谷 2-32-2
電話　03-3404-1201（営業）
　　　03-3404-8611（編集）
http://www.kawade.co.jp/
装幀・レイアウト　松田行正＋日向麻梨子
印刷　凸版印刷株式会社
製本　大口製本印刷株式会社
Printed in Japan

ISBN978-4-309-75039-2